植物逻辑

新常态下企业成长之道

王汝中　著

ZHEJIANG UNIVERSITY PRESS
浙江大学出版社

前　言

春风送暖，大地复苏，令人不寒而栗的经济危机终于过去了，企业又将迎来一个百花竞放、欣欣向荣的春天。这既是机遇，又是挑战。在经济复苏的春天里抢占一席之地，进而迎来新的发展高潮，将是每个企业的愿景和目标。

心动不如行动。在新的机遇面前，那些经历了严冬考验、顽强生存下来的企业，做好出击的准备了吗？如果需要参考和借鉴，不妨翻开本书。本书将为你的经营和管理提供一些有益的帮助，你将会得到很好的启示。

植物是春天的先知，它们总是能最先感受到春的气息，并能抓住机会，找到最适合自己的生存策略和方法。本书介绍了大量的植物生存法则和发生在植物身上的有趣传说，希望企业管理者能从这些植物身上获得企业的成长之道。

本书借鉴植物的生存特点，总结出企业在市场、产品、顾客、制度管理、人才、创新、规模、品牌和企业文化这九个方面所应该遵循的法则和掌握这些法则的诀窍。本书会给你提供企业经营和企业管理的独门绝技，让你在新常态的经济大潮中，领先一步，占尽先机，赢得主动。可以说，本书是你经营企业、创业立业的可靠军师、智慧参谋、点子仓库。

翻开本书，你会明白为什么向阳花木早逢春，竹笋为什么未出土时先有节，梅花为什么在冬天怒放，桃李无言为什么下自成蹊。不仅如此，你还可以从迎春花、冬小麦、水葫芦、蒲公英等植物身上，领会如何开拓市场、占领市场、巩固市场；从苹果、地瓜、桑葚、红柳身上，学会如何打造自己产品的竞争力；从洋槐、梧桐、含羞草、榴梿、板蓝根等植物身上，悟出如何吸引顾客，赢得顾客的喜爱和信任，并牢牢抓住顾客的心；从藤萝、向日葵、芸豆、沙棘等植物身上，参透制度的重要和管理的奥妙等等。还有很多植物的生长物性也能在人才使用、产品创新、规模效益、品牌管理、企业文化建设上，给予你足够的借鉴和引导，从而帮助企业走向成功的彼岸。

同时，本书还列举了大量的企业经营案例，并给予了详细的理论分析和阐述，生动有趣，鞭辟入里。通过活生生的事例和深入浅出的道理，为企业的经营管理者提供全面的参考和建议，并提出了切实可行的策略和方法。

本书既新颖有趣、引人入胜，又详细实用，是创业生财、企业经营管理的参考书。当然，严冬过后企业的发展非一招一式所能奏效，但能给读者哪怕是一点一滴的启迪，也是本书完成的一大善举。

目录 CONTENTS

CONTENTS

第九章 有些花草永不倒——栽下品牌常青树

第十章 有些花草根基牢——企业文化是永动机

第一章

东风送暖

　　——经济复苏的春天就要到了

策略1

俏也不争春，只把春来报

——运气总是眷顾那些有准备的企业

【植物精灵】

寒冷的冬天，所有的花都凋谢了，唯独梅花，迎风怒放，暗香袭人。

相传隋朝的时候，有一位雅士在罗浮山隐居。一天深夜，他趴在书案上睡着了，梦见一位穿着洁白纱裙的年轻貌美女子与自己对饮，旁边一个碧纱少女唱着欢快的歌曲，跳着优雅的舞蹈。醒来后，天已放亮，他发现窗外的梅花悄然绽放，树上一只鹦鹉轻声啼叫，原来梦见的是梅花小姐和鹦鹉姑娘。他推门而出，闻到淡淡的花香，心中不免无限惆怅。但转念一想，梅花开放，冬尽春来，不久的将来就是春色满园，不觉心情豁然开朗，踏着一地的残雪向山下走去。

随着经济危机的渐行渐远，经济复苏的预兆在不知不觉中开始显现。虽然目前市场依旧萧条，购买力还很疲软，但随着各国政府拉动经济的各项政策逐渐落实到位，金融行业进一步摆脱困境，逐渐稳定；能源和日用生活品行业率先复苏，整个世界经济正在触底反弹。那些熬过了严冬、嗅觉灵敏的企业，已经感受到了春的气息，就像那位雅士看到了梅花绽放就知道春天即将到来一样，开始克服各种困难，精心准备，期待迅速崛起。

运气总是眷顾那些有准备的人，企业经营也是如此。只有那些在经济严冬中顽强坚守，并主动观察市场，预测市场未来走向，时刻捕捉经济复苏信息的企业，才能赢得先机，成为经济春天的新宠儿。

【案例现场】

斯沃达是一家小型的鞋业公司，以生产旅游鞋和休闲鞋为主。金融危机爆发后，订单锐减，四条生产线逐渐停止了运转，剩下的那条生产线也是开工不足，大部分工人放假回家。一时间，公司的资金出现了短缺，陷入了成立以来从未遇到的困境。

面对严峻的市场形势，老板史密斯并没有坐以待毙。他一方面严格管理，大幅度削减各项开支，节约资金，应付难关。同时多方沟通，请求朋友们答应自己在市场恢复时，能够给予资金的支持，为日后崛起做好资金保障。另一方面，他根据自己对市场的观察和研究，组织技术人员，开发出一种集旅游和休闲于一身的轻便旅游鞋，价格低廉，舒适实用。并将一批样鞋分别摆放在各大超市和鞋类专卖店，许诺在每个超市或商店中前一百双鞋免费试穿。

史密斯一边做好生产的各种准备，一边仔细观察着市场的反应。果然，过了两个多月，第一张订单来了，但订货量只有五百双，是一家连锁超市企业预订的。但这一笔订单就像报春的梅花一样，让他嗅到了春的气息。于是，史密斯开动了一条生产线，开始正式投入生产。果然如他所料，订单逐渐增加，半年后，工厂的四条生产线已经全部运转了起来，工人又回到了工厂。他的朋友们看到企业已经恢复营运，纷纷拿出自己的积蓄，为他提供足够的资金，确保生产顺利进行。

斯沃达鞋业公司设计开发的这种轻便旅游鞋，价格低廉，还不到一般旅游鞋价格的三分之二，但是结实实用，非常适合居家和短途休闲旅游，所以很受中低收入家庭的欢迎。有了市场和资金的保证，史密斯的企业不仅度过了经济危机，还为企业今后的发展奠定了基础。但他也清楚地认识到，必须时刻盯紧市场需求，把握住市场的脉搏，才能使企业的发展真正走上正轨。

经济危机没有把斯沃达击倒，反而为它提供了一个非常好的发展机会。从这个案例，我们可以了解到斯沃达的成功有以下几个原因：

第一，老板史密斯没有自乱阵脚，面对困境，他加强管理，并主动出击，寻求资金支持。

第二，时刻关注市场，用灵敏的嗅觉把握顾客的真实需求，不是被动等待，而是主动出击，开发适合市场需求的产品。

第三，用物美价廉的产品来打动顾客，虽然利润不高，但已捷足先登，占有了市场，并为企业的发展积蓄了资金和能量。

在经济的严冬中存活下来，并不是企业的终极目的。被动等待春回大地的时候，再做复苏的打算，已经为时已晚。即便能在市场上得到一些残羹剩汁，也难以获得发展的良机。所以，只有未雨绸缪，做好充分的准备，等到春天来临，才能实时捕捉到发展的机会，赢得市场的青睐，成为新的胜利者。

【试说新语】

商场就是没有硝烟的战场，要想获得胜利，就不要打无准备之仗。为迎接春天的到来，企业应该做好迎接复苏的各种准备：

首先，要时刻把握市场的脉搏和动向。

其次，要在产品和技术上下足功夫，抓好技术人才培养，开发适合市场需求的新产品和新服务，储备好核心竞争力，时刻准备出击，抢占市场。

再次，要多方筹措资金，保证充足的给养，正所谓军马未动，粮草先行。

最后，加强管理，从制度和管理机制上，为适应新的发展打下良好的基础，做好充分准备。

总之，时不我待，哪个企业做好了准备，哪个企业就会在市场重新洗牌中占有先机。

贤人指路 若不是让画笔蘸满天国的七色颜料，人间灵巧的画师又怎能绘出斑斓的七色彩虹？

——华特·史考特

策略2

五九六九，沿河看柳

——捕捉到市场复苏的讯息

早春柳树透出的那一丝绿意，你如果站在树前，几乎看不出一点痕迹，但远远望去，却会感觉到河岸的垂柳泛着淡淡的绿色雾霭，若有若无、朦朦胧胧，这就是春的第一缕气息。

【植物精灵】

有人说，春是由地底下冒出来的。春未到柳先翠，柳树最先感受到大地回暖的体温，悄悄地拱出了自己的芽苞，沐浴第一缕春风，抢得春天第一缕阳光。柳树的生命力极强，尤其喜欢潮湿向阳的洼地。在坑塘水边，只要插根柳枝，就能成活。正因为它是春天的报信者，人们自古就有种柳、爱柳，歌咏赞美柳树的习俗。

有一年下雪天，晋代王侯谢安，突然来了雅兴，问他的子侄们，天上飘飘洒落的雪花像什么。谢安的侄女、大才女谢道韫款款答道，像春天的柳絮被风吹起，漫天飞舞。大家听了莫不点头称奇，佩服她的才情和想象力，后人便因之称她为"柳絮才"。唐代大诗人杜甫也有关于柳树的诗句，他用"露泄春光有柳条"赞扬柳树是春天的使者。

物极必反。经济危机虽然来势凶猛、破坏力强，但也有结束的一天。严寒中孕育复苏，经过长期的萧条，新的力量慢慢累积起来，市场需求逐渐增加。种种迹象显示，经济复苏的脚步越来越近，很快就会来到人们的身边。熬过了寒冬的企业，这个时候就应该深入市场，去感受和捕捉春的信息——市场回暖、经济复苏的信息。

就像春天到来一样，经济复苏并非不期而至，各种征兆都会纷纷显露出来。金融、股市、期货、房地产、能源、政策、就业、人们的日常生活，各方面都会露出端倪。这时，企业就要有一个嗅觉灵敏的鼻子，一对能听八方的耳朵，一双观察入微、洞察秋毫的眼睛，随时捕捉各种信息，抓住机会，抢先一步开拓市场，并为自己企业的发展觅得良机。

【案例现场】

一天，某企业的产品销售员正坐在家中的计算机前浏览新闻网页，无意间看到一条不起眼的广告：某国的一家公司大量求购矿山工人野外作业的安全用品。他的脑海突然闪过一个念头，预感到这个国家的经济已经开始复苏了。因为求购大量的安全用品说明，大批工人已经重新返回职场，而作为原材料的矿石开采一旦恢复生产，其下游企业自然也会运转起来。想到这，他立即打开那个国家的相关网页，看到的新闻印证了他的想法。

第二天一上班，他就找到了董事长和总经理，把自己的想法告诉了他们，建议企业早做准备，因为他们企业的产品，主要也是销往那个国家的。董事长让总经理给那个国家的合作伙伴打了个电话，打探情况。电话打通后，对方回答说，目前不需要他们公司的产品，什么时候会需要，他们自己也不知道。

销售员建议公司管理阶层，应该到那个国家实际考察一下，全面深入地了解一下该国的经济情况。但董事长以资金吃紧为由，拒绝了他的建议，这件事就这样放下了。大约过了四个月，那家客户公司突然来电，需要订购他们公司五套生产设备，但要求两个月内供货。这一下公司管理阶层着急了，因为他们毫无准备，部分工人需要重新招募，资金缺口很大，原材料需要预订，重新组织生产，根本就来不及。最后只好放弃这次订单，错过了一次绝地反击的好机会。

消极被动的等待，使这家公司没能及时抓住机会按下复苏的按钮，错过了一次迎接企业春天到来，谋求企业走出低谷，走上正常发展轨道的契机。他们失去的，不仅仅是一批订单，更可能是客户和市场。一步落后，步步落后，他们要想赶上来，难度恐怕会大很多。本来，他们已经看到了柳梢泛出的绿意，嗅到了春天的气息，可惜管理层并没有采纳销售员的合理建议。他们没有实时深入了解经济的整体动态和市场形势的变化，依旧躲在岩洞中过冬，以为春天还离得很远，结果眼睁睁看着大好的机会离自己而去。这个企业的情况，在很多企业中都普遍存在，他们被经济危机压迫得麻木了、消极了，不敢冒险，也不去关注经济和市场的动态，只想等待经济整体的复苏再作打算。可是等到真正春回大地的时候，市场和机会早被那些准备好的企业瓜分殆尽了。

【试说新语】

企业要想在经济危机过后，迅速发展，不仅要做好各项准备工作，打好基础，还要时刻关注经济和市场的动向，实时捕捉经济复苏的信息。

第一，密切关注政府政策的风向标，因为它是经济走向的指示牌。

第二，关注金融、股市、期货等相关行业的发展走势，从中捕捉市场的行情。

第三，关注能源、房地产等产业的动向。

第四，深入自己企业所处的行业和市场，时刻保持对市场的警觉，根据市场的需求变化，寻找重返市场的良机。

> **贤人指路** 命运是一件很不可思议的东西。虽人各有志，但往往在实现理想时会遭遇许多困难，这样反而会使自己走向与志趣相反的路而一举成功。我想我就是这样。
>
> ——松下幸之助

策略3

青草发芽，老牛喝茶

——抓住机遇，抢先一步

"草色遥看近却无"，这是描写春天小草发芽情景的一句诗。世界上没有比小草更能适应环境的了，无论你走到哪里，都能看到它们。小草顽强的生命力，很值得企业在经营管理中学习。

【植物精灵】

有这样一个传说：从前有一块光秃秃的岩石，由于长期受到风吹日晒、雨打水冲，裂开了一道小小的缝。一粒草种落在里面，没多久，岩石缝中长出了一棵小草，狂风没有吹走它，太阳没有晒枯它，它虽然羸弱，但还是坚强地活了下来。

一天下午，一头牛不小心摔到了这块岩石上，伤势严重，奄奄一息。小草就在老牛的嘴边，老牛本能地伸出舌尖，咬下了小草。结果奇迹出现了，老牛挣扎着站了起来，过了一两天，伤口竟痊愈了。从此本来是以吃树叶为生的牛，就改吃草了。老牛特别喜欢春天嫩嫩的草芽，吃到草芽，就像人们喝到用谷雨前新采的茶叶泡的茶一样舒服，所以老百姓常说，青草发芽，老牛喝茶，用来形容老牛对小草的喜爱。

经济危机过去，春天已经来临，市场百废待兴，这是最好的发展机遇。企业这时候一定要抓住机会，像掉落在岩石缝隙的那棵小草一样，适时扎根发芽，获得生存先机。

经济危机对消费者的影响巨大，不仅改变了他们的思想意识，也改变了他们的生活消费习惯。对于企业和市场来说，这既是挑战，更是机遇。

这个时候，企业最应该做的是什么呢？

第一，企业生存的土壤是市场，盯准了市场，才能在市场上找到播种的缝隙。

第二，根据市场需求，开发出适销对路的产品，培育好自己的核心竞争力，让种子适时破土发芽。

第三，实时调整自己的经营理念，将经济危机时的被动防守，变为主动出击。

第四，多方筹措资金，确保企业扩张所需要的资金链条顺畅。

第五，广泛搜罗人才，搞好人才储备，为企业发展留足后劲。趁经济危机造成的大量人才闲置的机会，吸纳未来发展所需的各种人才。

第六，耐心地培育自己播下的种子，耐心地等待经济全面复苏的春风吹来，使之茁壮成长。

【案例现场】

20世纪30年代，一场导致世界经济大萧条的危机爆发后，美国一家经营传统家具的小公司被迫关门倒闭。老板约翰和他的儿子，只好回到乡下去种马铃薯。那一年马铃薯收成不错，但销量并不乐观。有一次，他拉着马铃薯到城里销售，一整天也没有卖出去多少，虽然买马铃薯的人很多，但买的量都很少，一个人四五斤，就算不错了。

正当他感到失望和沮丧的时候，有一个买马铃薯的顾客跟他闲聊起来，问能不能用家里的东西换他一些马铃薯。约翰犹豫了半天，觉得马铃薯卖出去也很难，不如就换给他一些。他来到顾客家中，发现能换的东西并不多，由于他是经营家具出身的，就对顾客家中堆放的办公桌椅产生了兴趣。那时候，食物要比这些办公桌椅值钱得多，于是他就用几袋马铃薯换回了不少办公桌椅。邻居看到他把马铃薯都卖出去了，纷纷来求他帮忙。约翰考虑了半天，答应帮助销售，但钱要等半年后才能支付，邻居们答应了这个条件。约翰把马铃薯拉到城中，专门换那些倒闭公司的办公桌椅，很快他的院子中就堆满了这些办公家具。

不久，他的一个朋友接了一个公路建设项目，急需一些办公家具，约翰就向其推荐自己用马铃薯换回的办公家具。朋友见这些桌椅既实用又便宜，就全部买了下来。虽然价格比市场上便宜很多，但对约翰来说，却赚了不小一笔。他付了邻居们的马铃薯钱，还有很多结余，就用这笔钱到处收购那些闲置的办公家具。罗斯福新政实施以后，经济开始复苏，很多公司又如雨后春笋般冒了出来，约翰很快卖出了他收购的旧桌椅，并成立了一家新的公司，开始经营办公用品，并获得了巨大成功。

约翰种了一年的马铃薯，又回归了他的老本行，但这次他经营的不是家具，而是旧的办公桌椅。开始也许是无奈之举，但却为他后来的成功经营埋下了希望的种子。那些因为公司倒闭而闲置下来的桌椅，虽然不值多少钱，但是约翰却看到了它们的潜在价值：这些桌椅虽然旧了一些，但却非常适合那些刚刚度过危机、重新创业的人。

正是这些桌椅，为约翰日后的发展赢得了先机。当经济的春天到来的时候，他不仅拥有了市场，还拥有了资本的累积，很快就在市场上站稳了脚跟。

领先一步，不是一件容易的事情，这需要企业不仅有眼光，还要有胆略。

一棵不起眼的小草，因为发芽早，又适应各种恶劣的环境，而获得了生存空间。企业也是如此，谁能做好充分的准备，实时推出市场所需的产品，谁就能在其他企业还在徘徊观望的时候脱颖而出，获得足够的发展上升空间。

【试说新语】

企业要想在经济危机过后实时复出，赢得发展的先机，就应该有一对敏锐的触角，时刻捕捉到市场新的需求信息。同时，在资金筹措、人才储备、制度管理等方面奠定好基础，搞好产品的研制开发。一旦机会出现，立刻牢牢抓住，乘胜追击，掌握住市场的主动权和主导权，这样，势必会在未来的市场博弈中赢得先机。

贤人指路 谁成了哪一行的顶尖，谁就能走运，因此，不管哪一行，我只要成了顶尖人物，就一定会走运。机会自然会到来，而机会一来，我凭着本领就能一帆风顺。

——卢梭

策略4

向阳花木早逢春

——实时获得政策的支持

俗话说："长袖善舞，多财善贾。"一名聪明的商人要眼看六路、耳听八方，能够在春天来临之际为自己争取到更多的"种子"和"肥料"。在全球化的经济时代，竞争优势作为"春播"的福音越来越多样化，"近水楼台先得月，向阳花木早逢春"，得到政策支持越多，企业越容易在新的市场竞争中一举胜出。

【植物精灵】

在一堵墙的两面，生长着几株迎春花。春天刚刚到来，向阳一面的几株已经花朵鲜艳，迎风怒放，远远看去就像一团金黄色的云雾。有几只蜜蜂在花朵间轻盈地飞翔，嗡嗡地唱着小曲。而在墙的背阴面，那几株迎春花才刚刚含苞，花朵开放估计要晚好几天，植株也比向阳面的那几株矮小瘦弱得多。

这些迎春花的不同境遇，正好印证了"向阳花木早逢春"这句话，企业也是一样，"阳光"充足、"养料"充足，自然发展迅速。经济复苏不是某个企业的事，会波及整个国家乃至全球，而各国政府总是会很积极地想办法、找出路，为拉动经济复苏做各种工作。

【案例现场】

通过经营政府特许经营项目来实现企业效益的事例，比比皆是，成功的企业也非常多。例如，2004年，美国蒙大拿州Great Falls市城市管理委员会一致同意，延长了和威立雅水务在城市污水处理方面的契约，延长期为10年，价值高达2500万美元。同时拓展了威立雅水务的服务项目，使它能够营运、维持该市每天2100万加仑污水二级处理设施，拥有26个提升泵站，并负责收集、分析工业污水预处理样品，保证Great Falls市将继续拥有稳定的污水处理率。

很多人认为，这个长期的合约必将对刺激当地经济的发展起到积极的作用。Great Falls市行政官John Lawton是这样描述延长合约的理由的，他说："27年来，威立雅水务及其原公司，安全地营运和维持我们的污水处理设施，没有违反污染物排放规则，没有因此而被处罚过。这个公司还为我们的社会发展进行投资，我们很高兴继续与其合作，在发展经济的同时保持我们的环境质量，并给Great Falls带来更多的商业机会。"Lawton先生接着补充说："威立雅水务在过去的27年里所提供的服务并不限于污水处理，这个公司诚心诚意支持我们的城市。最近，在一份独立契约中，它还帮助我们分析在污水处理厂中利用废能进行发电的可能性。"

"契约延长对我们来说非常好。我们的专业队伍为了市民和环境的利益，对我们自身的规划和系统进行了优化。得知Great Falls与我们延长契约，真是太高兴了，我们期待着再为Great Falls市服务10年。"威立雅水务在Great Falls市的项目经理Wayne Robbins先生，对延长合约做了这样的评价。

威立雅水务（北美），就是先前的美净营运服务公司，主要业务是经营政府特许经营的项目，为市政及工业用水提供服务，包括饮用水和污水处理，为600个小区、大约140万人口提供用水保障。该公司是威立雅水务的北美分部，而威立雅水务又隶属于世界最大的环境服务公司威立雅环境集团。威立雅集团在80多个国家设有分公司，拥有雇员31万，每年收益高达286亿美元。

国家会通过一系列措施，加强本国企业的竞争优势。比如荷兰，花卉业异常出色，原因并非其独特的地理位置，而是国家支持企业在花卉培育、包装、运送等各个方面走上专业化道路。再如日本，生产的家电大多体积小、携带方便，而且性能卓越，所以就拥有全球领先的家电产业。还有如意大利的时装行业、德国的制造工业、瑞士的钟表行业，都有国家扶持的因素。

总之，争取到一些政府支持项目，肯定会增强春播的"福音"。然而，政府的支持不是说说就可以得到的，需要动脑筋，更需要努力争取。

【试说新语】

什么样的项目容易获得政府的支持呢？

第一，在经济复苏中，能够增加就业机会、给更多人提供衣食保障的项目一定最受国家和政府的支持。

任何国家和政府都应该成为人民的庇护所，不管社会怎么发展，都应以提高人民的生活水平为基础。在企业纷纷倒闭关门的情况下，大量人员失业，无处安身，如果复苏中有一个可以解决就业的项目，自然会给很多人带来温暖。

第二，与国家政策配套的项目会受支持。

国家调控的是宏观经济，注重产品创新、市场开发，如果一个产品已经面临淘汰，继续生产会过剩，国家是不会支持的。实际上，经济复苏就是一次洗牌机会，国家会借机淘汰一些项目，启动一些项目。因此企业要想得到政府支持，必须弄清楚国家的意图，跟上形势。

例如空调业，生产企业很多。现在大家的环保意识在不断增强，污染环境的产品不符合这个总体趋势，有一家公司却从激烈的竞争中悟出：空调的制冷剂氟利昂会污染环境，如果生产一种无氟的空调设备，不但可以满足人们绿色环保的需求，还能创造一种新的消费取向。结果，这种"绿色"系列空调得到了社会公众的普遍认可，成为国家支持的项目之一。

第三，民生行业会受国家支持。

民生是国家根基，可是这种行业往往由垄断企业、国家企业去做，中、小企业要想从中分一杯羹谈何容易。不过机会不是没有，这时可以做提供原料、劳务等各项基础工作。

贤人指路 好的设想处于现实与乌托邦之间，想象是恰好还能做成的事情。

——荷尔曼·西蒙

策略5

小荷才露尖尖角

——准备好出击的粮草

【植物精灵】

古时候，烟波浩渺的洞庭湖没有鱼虾，也没有花草，到处白茫茫一片，十分荒凉。天上有一位莲花仙子，既漂亮又善良，她私自偷了百草的种子，下凡来到洞庭湖。在湖边，仙子遇到了一个叫藕郎的小青年，就和他一起在洞庭湖种下了菱角、芡实、蓼米、蒿笋、蒲柳、芦苇等很多植物，引来了成群的鸟儿在此栖息。看到这么美的景色，仙子也不愿回到天庭了，就和藕郎成亲，过着幸福美满的日子。

玉帝知道这件事之后，非常生气，就派天兵天将下界来捉拿莲花仙子。莲花仙子只好藏身洞庭湖水底，并把自己精气所结的一颗宝珠给了藕郎。天兵天将捉住了藕郎，藕郎就把宝珠吞进了肚子中，天兵天将见状挥刀把藕郎砍为两段，奇怪的是在刀口处却留下了细细的白丝。而且过了不久，藕郎的身体又合在了一起。杀不死藕郎，天兵天将只好用法箍箍住他的脖子，将其扔进了湖中。藕郎落地生根，长出白白的藕来，法箍箍住一节，他就向前长一节，这就是藕节。莲花仙子藏身水底，看到藕郎化身的藕，忍不住抱住痛哭。为了让藕郎呼吸到空气、见到阳光，莲花仙子就化身荷叶长出水面，于是他们的爱情结晶开出漂亮的莲花，结成珍珠一样的莲子。藕郎在泥土中负责吸收养分，养育一家人。

在池塘中，莲叶会先伸出尖尖的角，然后铺展开，长成一片漂亮的莲叶。莲叶之所以能顺利地钻出水面，是因为水下泥土里的藕为它积累了丰富的养料。企业经营也应该如此，要想在经济复苏中迅速发展，必须像藕一样，积累大量的养分。企业经营需要累积的内容有很多，既包括技术、人才，又有资产、品牌、文化等要素。那些能够走得长远的企业，无不是以积累取胜。而与之相反，一些企业在发展起来后，不注重积累，盲目扩张，最后逐渐将自己逼上了绝路。

人才、创新、风险投资都很重要，但是真正的发展离不开积累。积累是什么？是储备春播的种子、肥料，是一个工序流程化的制度！没有种子，没有制度，企业很容易瘫痪，发展壮大更是无从谈起。

【案例现场】

在北美一家工厂附近有一片小森林，深秋时节，一只松鼠在不停地寻找食物。它跑得那么快、那么辛苦，三分钟左右就来回一趟，将很多食物存到了树洞里。

辛勤的松鼠并不知道，它的一举一动被工厂的一位新主管看在了眼里，记在了心中。这位主管负责的工厂效率非常低，是整个企业集团32家工厂中效益最差的，如果再不进行改变，就只有等着关门了。

主管刚上任不久，正为如何提高效率愁眉不展，这才来到森林里散心。他目不转睛地盯着那只勤劳的松鼠，心里忽然明朗起来：松鼠为什么这么拼命？就在于如果没有吃的就无法生存，而有了粮食才有存活的机会。为了存活下去，必须加快步伐，储存更多粮食，这就是松鼠工作的目标！想到这，他兴奋极了：我知道该如何做了，求生存是不停工作的价值根源。

于是，主管采取了一系列措施，让员工明白目前工厂所处的困境，并积极调动员工的工作热情，发挥潜力，共渡难关。很快，工厂面貌来了个大变身，成为32家工厂中效益最好的一家。

学习松鼠存粮的这一举动，改变了一家工厂的命运。身为主管，要让工厂的每一位工人都明白不工作即倒闭的道理；一旦工作目标明确，就要努力地工作，尽力多储粮。

大名鼎鼎的派克公司，曾以高档笔叱咤钢笔市场，没人敢与之争锋。可是公司却不积累自己的品牌优势，不从质量上下功夫，反而把精力放在进军低价笔市场上。结果，派克的形象受损。而此时，一家名为克罗斯的公司趁机而动，下力气进军高档笔市场。没多久，派克不仅没有夺取低档笔市场，在高档笔市场所占的比例也大幅下降，仅占17%。

与派克同样败走麦城的还有胜家。曾几何时，美国胜家生产的缝纫机家喻户晓，占据世界市场的三分之二。可是到了1986年，胜家公司却被迫宣布：不再生产缝纫机了！是什么让其放弃了自己最有优势的品牌？是因为胜家公司上百年来没有积累技术，不能与市场接轨，没有后劲。

知道吗？1985年胜家公司还在生产19世纪设计的产品，而此时此刻，世界其他缝纫机公司早已生产出如"会说话"的缝纫机、"音乐"缝纫机、"计算机"缝纫机等高级品类。这些缝纫机具有更多的功能，提供更优质的服务，那些自动选择针脚长度、自动适配布料松紧度的技术，体现出高度自动化的特色。在这种情况下，年迈的胜家公司怎么与之竞争？

看一看失败者的教训，会让人更清楚应该注意的问题，避免走错路。

有了目标才有奔跑的方向，有了价值才有持久的动力，学习莲藕精神，为春天发芽吐绿，储备更多的养料吧！

【试说新语】

想在经济复苏中占得一席之地，企业应该做好各方面丰厚的累积。无论是资金，还是技术、人才、产品、科学的管理制度等，都要储备充足。特别是品牌和产品，是企业立足市场的核心竞争力，更应该优先储备。

积累技术，是企业发展的动力，不能临到用时才花钱去买，那样不仅短命而且容易被淘汰。没有雄厚技术积累的企业，是很难成长壮大的。优秀的企业，其实就是优秀的人才掌握着先进的技术。

贤人指路 我从不相信成功，但我为成功而奋斗。

——依斯特·劳德尔

第二章

有些花草起得早

——捷足先登，抢占市场

策略6

迎春花开早

——早行动，占主动

市场是企业的土壤，没有了市场，企业就是无根之木。何时开拓市场，开辟哪里的市场，如何开拓市场，是企业初涉市场必须面临的抉择。这一系列问题非常重要，因为它决定了企业未来发展的方向。

【植物精灵】

天地鸿蒙，到处一片汪洋，大禹走出家门，带领百姓治理洪水。当他路过涂山的时候，遇到一位善良的姑娘，这位姑娘帮他们洗衣做饭，还带领他们寻找水源。大禹感激姑娘的热心，姑娘也喜欢上了大禹的聪明能干，两个年轻人互相爱慕，最后喜结良缘。大禹因为忙着治水，新婚没几天，就要出门，临走，姑娘把大禹送了一程又一程，迟迟不肯分手。当送到一座山岭上时，大禹对姑娘说："千里相送，终有一别。你回去吧！治不好水，我是不会回来的。"姑娘抹着眼泪回答道："你放心去治水吧！我就站在这里等你，一直等到你治理好水患，回到我的身边。"大禹把缠在腰间的藤条解下来，送给了姑娘做纪念。姑娘接过藤条抚摸着，并说出自己的心愿："等到荆藤花开，大水就会退去，你就会回来了。"

几年过去，大禹治水成功，回来找他心爱的姑娘。他远远看见那位姑娘正手举着荆条，站在山顶上。大禹激动万分，可是当他跑到姑娘面前才发现，姑娘早已化作一尊石像。

原来，自从大禹走后，姑娘就整日站在山头上张望，盼望大禹早点回来，天长日久，便化成了石像。石像上缠满了荆条，春日里荆条渐渐泛出了绿意，发出了嫩芽，吐出了绿叶。大禹的泪水滴落在藤条上，瞬间绽出了一朵朵金黄的花朵。荆藤开花了，洪水也被治理好了，大禹为了纪念自己心爱的姑娘，就给这荆藤开的花儿，命名为迎春花。从此，大禹走到哪里，迎春花就跟着开到了哪里。春天来了，大地又恢复了勃勃的生机。

企业开拓市场，就应该像迎春花一样，走在春天的前面，走在经济复苏的前面。这就需要企业深入观察市场的形势，摸清市场需求动态，用产品圈占市场，用品牌孕育市场，未雨绸缪，先入为主。一旦市场复苏，就能赢得先机，为全面占领市场、站稳市场赢取时间，打牢基础。

市场对产品的接纳和认可，有先入为主的特点，人们总认为最早进入市场的产品就是正宗的、最好的，这就是人们一般的消费心理。企业越早进入市场，越容易获得认知，越容易被接受、被认可，成为消费者心目中同类产品的质量标准。所以，能否捷足先登对于众多处在经济复苏同一起跑线的企业来说，就意味着生死存亡。领跑者处处占尽优势，尤其是在市场的信任度、美誉度、依赖度等方面，无形之中就高于跟进者。为此，企业如何看准时机，早行动，占主动，是考验企业在经济复苏中的市场灵敏度和生存力的重要法则。

【案例现场】

日本绳索大王岛村宁次是开拓市场、抢占市场先机的高手。他的创业法宝就是及早圈占市场、占领市场，而不是先赚钱或先图利。他认为，只要市场是你的了，那么市场迟早会把利润回报给你。创业之初，岛村宁次把市场瞄准东京一带的纸袋工厂，他以相当于人民币五角钱的单价，大量购进纸袋厂需要的麻绳，然后再以相当于人民币五角钱的价格卖给纸袋厂。这样，在价格上他就占尽了优势，深受纸袋厂的欢迎，为自己赢得了"岛村宁次的麻绳真便宜"的美誉。很多麻绳用户纷纷购买他的产品，成为他的长期客户。

一年后，他已经牢牢地占据了市场，订单源源不断。这时候，他拿出所有的购货单对客户说："这是我一年来购进麻绳的进货单，我一分钱也没有赚你们的，图的就是一份信任，但这样长久下去，我只有关门大吉了。"客户被他的诚信打动，深感敬佩，主动将他的麻绳单价提高了相当于人民币五分钱。接着，岛村又拿着所有的销货单，找到麻绳供货商说："您看，这是我一年来的销货价格，这一年，我只是为你们的产品做了义务宣传员和推销员，一分钱都没有赚，再这么下去我只好破产倒闭，回家睡觉了。"供货商翻看着厚厚的一叠销货单，非常感动，二话没说就把向岛村供货的绳索单价降低了相当于人民币五分钱。这样一来，两头一算，岛村的麻绳已经有了相当于人民币一角钱的利润，非常可观。由于名声好，信誉度高，没几年，岛村就成了远近闻名的富商。

岛村宁次的故事，对企业开拓市场具有重要的启示意义。开拓市场，要目光长远，不计较一时的得失，就像迎春花一样，只有先获得生存的土壤，才有开花结果的机会。哪个企业胆识过人，敢为天下先，哪个企业自然就能占得发展的先机。

【试说新语】

企业要想在经济复苏中占据主动，就要密切关注市场的需求动态，保持灵敏的嗅觉。一旦摸清市场的需求方向，就及早用产品去圈占市场。在先入为主的同时，定位要准确，不可盲目，要突出产品和服务的优势，以信誉和质量赢得人心，获得市场和顾客的认可。只有如此，才能迅速铺开市场，把主动权牢牢抓在自己的手中，为企业的发展开个好头。

> **贤人指路** 经验显示，市场自己会说话，市场永远是对的，凡是轻视市场能力的人，终究会吃亏的！
>
> ——威廉·欧尼尔

策略7

越冬小麦先抽穗
——大力推广危机中存活下来的产品

【植物精灵】

传说从前的大地上植物繁茂，到处是争奇斗艳的小花小草。小麦因为长得土气，为人又憨厚，那些花花草草都很瞧不起它。有一次，天上的神仙下界传旨说，王母娘娘要选一种花草的种子，磨成面粉做生日寿桃。谁的果实好吃，谁就能当选，也将获得人间的精心照顾，成为植物之王。为此，神仙准备组织一场竞赛，比试一下，看看明年哪一种花草先结果，结出的果实最好吃。

小麦为人老实，知道自己没什么优势，但它相信俗话说的，笨鸟先飞。于是秋天一到，它就急急忙忙把自己的种子种在了地里，并很快就长出了嫩芽。其他的花草都笑它，说这么早就发芽，冬天一来，非被冻死不可，看你明年还怎么活命。北风吹来了，冬天到了。小麦瘦弱的身子感到十分寒冷，便用力把根扎向泥土深处，尽量获得一丝温暖的气息。它的叶子虽然被冻得枯黄，但根系已经深深地扎进了土壤中并悄悄地生长。春天终于来了，小麦在温暖大地的呵护下，吸足了养分，第一个挺起了身子，迎接春天的阳光雨露。此刻，别的花草才刚刚萌芽，它却已经开始拔节长高了，在距离王母娘娘生日还有一个月时，小麦就已经结出了香喷喷的果实。这一下，引起了天庭的轰动，小麦不仅被封为植物之王，得到了人们永远的照顾，还成为人间最好的美食。

小麦之所以受到人们的青睐，与其自身质量过硬是分不开的，尤其是那些越冬的小麦，磨出的面粉更好吃。企业产品也是如此，那些经历了经济严冬考验的产品，往往能够深深地扎根在顾客的心中，顽强地在市场上存活下来。如此生命力强大的产品，就是发展的引擎、源源不断的动力保障。因此，企业必须抓住机会，借势而上，用这些产品去开辟市场，使整个企业率先在经济复苏的春风里占得先机。树大遮阴，当自己获得足够的市场空间后，那些后来者就很难超越了。

能承受住严冬考验的产品，一定是人们生活生产所必需的产品，其广阔的前景，自不必说。哪个企业能抓牢产品，升级质量，完善服务，哪个企业就获得了生存和提升的快捷方式。复苏，自然是指日可待了。

【案例现场】

陈华女士是很早就来到俄罗斯彼得堡淘金的华裔，她继承祖业，一直经营着一家高档藤制家具店。经济危机前，生意一直不错，很多藤编家具被一些上层主流家庭当作艺术品收藏。有一年，她故乡的一个远房亲戚来投奔她，在彼得堡华人区开了一间小小的煎包铺，勉强维持生存。这种煎包，在中国北方只能当早点出售，前景一般。经济危机爆发后，人们收入减少，很多华人为了节约开支，就把这种煎包当成了主食，中午和晚上，也会有很多人来购买。煎包铺的买卖，一下子红火了起来。

陈华女士看到煎包生意不错，就和自己的亲戚协商，她投资，让亲戚负责技术，开几家连锁店，利润按协商的比例分成。亲戚同意了，她们就在主要的华人区，开设了六家连锁店，她借鉴开藤器店的经验，进行电话预约，送货上门，很快便赢得人们的青睐。不仅是华人，就连很多俄罗斯人也喜欢上了这种煎包，时不时就会过来尝鲜。

经济危机渐渐过去了，陈华女士就把自己的藤器家具店委托给一个员工负责经营，自己一心一意做起了煎包快餐连锁经营，并增加了一些花色品种，对主打产品进行了提升。在服务方式上，也进行了一些新的尝试，推出了情侣包、晚点包、思乡包、冷冻包等新的品种，很快把一个不起眼的小包子，做成了华人区的一个品牌，深受消费者的欢迎。不久，陈华女士就把连锁店开到了莫斯科，迅速扩大了产品的市场。

经济危机的发生，反而让陈华女士发现了一个新的产品，找到了新的生财之道。危机过去后，陈华女士也看清了这个产品广阔的前景，并且抓住了机会，没有让这个新产品昙花一现，而是精益求精，更上一层楼，让这个新产品发展得更好。

产品是企业的命脉，一个企业要想在激烈的竞争中存活下来，主打的就是产品。产品能不能适应市场的需求，经济危机恰好是个检验的机会。危机中能够存活下来的产品，就像冬小麦一样，不一定奢侈漂亮、时尚高档，但一定是人们生产生活的必需品。危机过后，大量推广这些生存下来的产品，便成了企业的当务之急与生存之道。

【试说新语】

企业有了危机中生存下来的产品，就应该把这些产品做成主打产品，全力推广和营销，趁势占领市场、巩固市场。

由于危机已经过去，经济开始复苏，人们的消费心理也会随之发生变化，会对质量要求更严格，服务要求更高。所以企业在大力推广这些产品时，也要适应市场不断发展变化的需求，对产品的质量和服务实时进行升级换代。万万不能抱着存活下来的产品就一定完美无缺的想法，僵化保守，不思进取，那样的话，也会被市场所淘汰。

贤人指路 顺应趋势，花全部的时间研究市场的正确趋势，如果保持一致，利润就会滚滚而来!

——威廉·江恩

策略8

水葫芦圈地

——哪里有市场哪里就有我

没有嫌弃市场的产品，只有被市场淘汰的产品。企业有了产品，就要为产品寻找市场，只有市场广阔，产品才能有足够的生存空间，企业才能有足够的利润可赚。经济危机后，市场上出现了大量的空白区，这为很多企业的产品提供了一个扩张市场的良机，这时候，企业就应该向水葫芦学习，哪里有市场，哪里就应该出现产品的影子。

【植物精灵】

水葫芦又叫凤眼莲，是一种水生植物，具有很强的入侵性，蔓延速度特别快，一旦有适合它生长的环境，便快速生长，成为当地的优势物种。因此，它被许多国家视为灾难性植物。

由于它繁殖速度快，一个池塘没多久就会被覆盖，所以又被称作水葫芦地毯。一块沼泽地，只要出现一株水葫芦，如果不加控制，很快它就会越过沟沟坎坎，凡是有水或潮湿的地方，都会被其占领，极易导致该地区生态恶化，物种单一。

水葫芦为什么具有这么强大的生命力和扩张力呢？原来，水葫芦的繁殖方式比较特殊。它可以无性繁殖，叶芽长出的枝很快就形成新的植株。新的植株与原来的母株联系很脆弱，轻易就能断裂，断裂后的新植株漂流到新的地方，就会在那里安家落户、生儿育女，进行新的繁殖。一个平静的水面，很快就会因为一株水葫芦而迅速铺上厚厚的水葫芦地毯，远远望去，碧绿平坦，很是壮观。

水葫芦以独特的繁殖能力、超强的适应性，迅速占领了生存的领域。这一特性，应该引起企业的注意。任何产品都应该像水葫芦一样，哪里有市场，就把触须伸到哪里。企业只有实时推出自己的产品，进行地毯式覆盖，才能压制住后来的跟进者，为自己企业的产品赢得足够的生存发展领域。

市场不会主动跑来找产品，而是要产品去寻找市场。企业消极等待，是等不来市场的，要积极主动去寻找市场、开拓市场，见缝插针，实时填补市场的空白，才能发展壮大。

【案例现场】

一家生产木梳的企业，为了开拓市场，招募了三个销售员，为了检验三个销售人员的业务能力，公司给每位销售人员一个月的时间，要求他们把梳子卖给寺庙里的和尚。这是一个非常特殊的市场，如果能在这里打开销路，不仅能为公司产品找到新的销路，还能检验出三个销售人员推销产品的能力。

第一个销售员，跑遍了附近大大小小的寺庙，磨破了嘴皮，跟无数的和尚讲解示范用梳子的好处，而和尚们只是开玩笑地用梳子在光头上比画几下，就把梳子还给了他，没有丝毫购买的意思。最后，恰巧有一个小和尚头皮痒，经过努力，他终于说服小和尚买了一把。

第二个推销员，同样跑遍了无数的寺庙，游说了众多的和尚，依旧无人问津，和尚还笑他痴呆。有一天，他坐在寺庙大殿的台阶上发愁，突然看到一个来烧香的女客头发散乱，于是深受启发。他找到住持说："香客头发散乱来烧香，是对菩萨和佛祖的不敬，对待那样的香客，应该让她们先梳理好头发再烧香。"住持被他说动，买了两把梳子。他沿着这个思路，又跑了几家寺庙，终于卖出了十几把梳子。

第三个销售人员，跑了几个寺庙，也同样碰了壁。他一边想着办法，一边深入寺庙生活，了解寺庙的需求。有一次，他和一个寺庙的住持闲聊，了解到寺庙的经济并不怎么宽裕，仅靠香客的香资和田产资助，常常会入不敷出。他经过观察，又发现有一些还愿的香客，会把许愿时寄挂的信物，用香资请回去。于是，他想到了一个与寺庙共赢互惠的方法。他找到住持商量，由寺庙负责在梳子上篆刻各种吉祥文字，普通的梳子立刻转身变成了福寿梳、发财梳、祛病梳等，还分成了不同的档次，在香客求签许愿之后，由寺庙的和尚把梳子卖给香客，利润双方平分。这样，既可以增加寺庙的收入，又能让香客大老远跑来上香的同时，带回去一个心愿，留一个纪念，还能为寺庙扬名。住持听了非常高兴，一次就订了两百多把梳子，其他的寺庙见这种办法不错，也纷纷要求订购。很快，这位销售员就卖出了几千把梳子，为这家企业的产品，找到了新的市场，开辟了新的财源。

这三个销售员，分别为梳子这种产品，在寺庙里开辟了三个市场：第一个销售员的市场狭小，不可能有什么利润；第二个销售员的市场容易饱和，也没有太大前途；第三个销售员找到的市场，潜力巨大。它不仅是一个和寺庙共赢的市场，能够调动寺庙的积极性，而且更重要的一点是，满足了香客不同层次的精神需求，既能让他们带回自己的心愿，又能满足日常生活的需要，就像买到了一个灵验实用的吉祥物一样。这种新的市场需求，被第三位销售人员开发了出来，也为企业带来了滚滚的财富。

【试说新语】

客户的需求是多层次的，这也就注定产品的市场也是多层次的。企业开辟市场，就应该根据客户的不同需求，利用自己产品的不同用途去占领市场，就像这家企业的梳子一样，和尚不可能用来梳头，但和尚可以给梳子赋予不同的内涵和使命，这就相当于为企业开辟了一个新的市场。所以，企业开辟市场，要采取多种办法，通过多种渠道，把潜在的市场挖掘出来。谁捅破了这层窗户纸，谁就会捷足先登，占据有利的地位。所以，企业开拓市场就要像水葫芦一样，迅速为市场铺上地毯，让其他的跟进者无孔可钻、无法生存，进而保住自己的一片市场。

贤人指路 风险来自你不知道自己正在做什么！

——巴菲特

策略9

蒲公英派出小伞兵
——空降也是开拓市场的快捷方式

不同的市场，应该用不同的方法去开辟。有些市场，就在企业所处的区域；有些市场，却可能在千里之外。不同的国家，不同的地域，消费者的需求会有千差万别，这也注定了每个市场都各有特色，各有所需。复苏中的企业，应该走出去，凭借对自身产品的熟悉和敏感的市场嗅觉，实时发现新的市场，并快速地把自己的产品空降到新市场中，使自己的产品寻找到新的生存空间。在这一点上，企业不妨向蒲公英取经，它为企业开辟市场，提供了一条比较好的参考途径。

【植物精灵】

蒲公英本来在草原上生活得无忧无虑，可不知道从什么时候起，兔子喜欢上了蒲公英，经常来吃蒲公英的茎干和叶子，害得蒲公英很难长大结果。蒲公英只好匍匐在地，直接长出花朵，养育自己的孩子。狐狸知道了这件事，就在蒲公英种子成熟时，采摘下来，作为诱饵来诱捕兔子。这样，蒲公英的种子也无法保留下来。这可难为了蒲公英妈妈，第二年，她早早就开花了，并找来柳絮为自己的宝宝每人缝了一顶洁白的小伞，还没等狐狸来，就让它们乘着微风，飞到各地去安家落户，开始新的生活了。

蒲公英属于菊科多年生草本植物，每当初春时节，就会抽出细细的花茎，绽开金黄色的花朵。花朵败落后，种子会结成带有白色冠毛的绒球，随风摇曳，最后那些种子就像撑开了一把把小小的降落伞，四散开来，随风飘到田间、草地、沟壑、山坡，落地生根，孕育新的生命。

蒲公英就是用这种方式，把自己的种子撒播到了各地，拓展着自己的生存空间。开辟市场，不妨就像蒲公英这样，对那些陌生的市场，采取空投的策略，把产品迅速投放在新的市场中，扎下根后，再将产品当地化、本土化。

先求市场，后求利润，这也是很多知名企业开拓国际市场经常采用的策略方法。但采用这种方法应该注意的问题是：

首先，要对市场进行详细的调查了解，确保产品符合当地市场所需，避免水土不服而造成品牌损失和成本损失，并影响产品未来进入这个市场的路径。

其次，要先期做好产品品牌宣传工作，就像未见其人，先闻其声，在产品还未进入市场时，让消费者就已经了解其品牌和产品的特色，从而培育起期望值和信任度。

最后，产品投放要全面充足，质量可靠，不能一上来就砸了牌子和买卖。

【案例现场】

有一家生产运动鞋的国际知名公司，将目光瞄准了东亚市场，尤其是中国市场。对它而言，这是一个巨大的蛋糕，有着极强的诱惑力。但是，由于中国早年实行计划经济，市场封闭，很多人并不知道这个企业的品牌。针对这一现状，他们没有直接进入中国市场，而是先对中国的足球联赛进行了赞助，使人们在观看足球比赛时，逐渐从足球场后的广告牌上了解了这个品牌。

三年之后，这家企业又赞助了一次轰动一时的乒乓球世锦赛，于是让很多中国人熟悉了这个品牌。这个时候，公司认为时机已经成熟，分别在上海、北京、广州、杭州、南京、武汉、沈阳、成都、济南等体育事业比较发达的城市，同时开设了专卖店，开展了各种营销活动，很快就使产品旋风般地在中国流行开来，进而带动了该品牌在韩国和日本的销售。东亚市场，成了这个品牌新的利润增长点。他们随之在东南亚采取同样的模式，但销售却遭遇了失败。原来，有些东南亚国家，由于很多民族的宗教习惯与中国不同，这个品牌的产品有与当地宗教的禁忌相冲突的地方，导致产品水土不服，铩羽而归。后来，企业发现了这个问题，虽然进行了改正，但已经难以改变人们对产品的看法了，无奈，最后只好放弃了东南亚市场。

这家企业，以空降取得了在中国市场的成功，但由于缺乏对东南亚市场的深入了解，忽略了市场对产品细节的需求差异，进而失去了一个重要市场。所以，企业在采用空降方式开辟陌生市场的时候，一定要对市场有全面深入的了解，不能忽略市场众多的细节需求差异。很多产品被拒之门外，并非因为产品质量和服务，而是一些看似无关紧要的小细节，与人们消费心理发生了冲突，造成了信任度的落差，进而被迫退出该市场。

经济复苏后，虽然大量的市场出现空白，但企业在进入和占领这些市场时，也不能盲目冒进。不妨请当地一些专业的咨询公司，对市场进行一次全面的调查和评估，不但要摸清市场潜力，还应该弄清市场存在的风险，制订出有效的防范机制，稳妥进入，步步为营。以免如上述公司进军东南亚遭遇的滑铁卢那样，不仅劳而无功，还堵死了产品的未来之路。

【试说新语】

企业在开拓异地市场时，不妨像蒲公英一样，采取空降方式。但采取这种方式，要注意以下几点：

首先，对市场进行深入详细的调查，为自己的产品进入市场定好位，定准市场范围和消费群体。

其次，做好广告营销宣传，先声夺人，为产品树立足够的知名度和信誉度。

再次，产品空降要把握好时机，并采取有影响力的方式落地，一下子吸引住消费者的注意力。

最后，要抓住当地消费者的心理和精神的需求，不能给消费者造成负面的影响。

只要做到这几点，一般新产品到了一个新的市场，就能落地生根、开花结果，开辟出一个新的市场来。

贤人指路 你永远不要犯同样的错误，因为还有好多其他错误你完全可以尝试！

——伯妮斯·科恩

为葡萄剪枝是必要的

——放弃亏损的市场

赢利是企业永远不变的法则，如果一个市场不能让企业的产品赢利，甚至未来也不存在赢利的可能，那么对待这样亏损的市场，企业就应该壮士断腕，大胆放弃。放弃得越果断、越彻底，带来的损失就越小，对企业的拖累也就越小，这样企业才能够集中精力，专注那些有前途、盈利多的市场。就像果农们每年都要为葡萄剪枝一样，放弃是为了更好的收获。

【植物精灵】

相传，在一座深山中有一条成了精的紫皮蛇，经常出来残害生灵，百姓对它既恨又怕。被这条蛇咬伤的人，会手脚冰冷，最后血液凝固而死，治疗的唯一办法，就是食用它吐出的珍珠。

有一位英雄知道了这条蛇犯下的罪恶，就赶来和它进行了一场搏斗。最后，英雄被蛇死死缠住，化作了一个木桩，而蛇也被英雄用法术变成了一根藤。英雄临死前告诉乡亲们，每年到了秋天的时候，都要把藤的芽剪去，这样它就永远跑不掉了。乡亲们按照英雄的嘱咐去做了，果然，蛇再也无法逃脱了，乖乖地为乡亲们贡献珍珠。那一串串珍珠，就是葡萄。用葡萄酿成的酒，能够治疗风湿麻痹等症，还有舒筋活血等功效，深得人们的喜爱。

为葡萄剪枝，是葡萄田间管理的重要手段，其目的是修剪掉多余的枝条，以便让养分能够充分供应葡萄果实，使结出的葡萄颗粒饱满，质量优异。企业经营也是如此，要及时"修剪"掉那些亏损的项目，使企业能够集中经营那些利润高、市场前景广阔的优势产品和项目。这个道理很多经营者都非常明白，但真正做起来，绝非那么容易。很多企业发生的情况往往是，明明知道产品是亏损的，但还心存幻想，认为是销售方法、销售时机、市场选择对象错误等原因才导致的亏损。正因为抱着这种认识，很多企业继续加大投入，加大市场宣传和产品营销力度，试图让这些亏损的产品起死回生。结果，不仅没有挽救亏损项目，还拖累企业赢利项目陷入资金困境，最后使整个企业面临崩溃。

曾经有人做过调查：一个企业中，高级主管们会把70%的精力投入亏损项目；投资资金，也大部分用在了亏损项目上，而忽略了赢利项目和产品的维护与推动。这样的结果必然影响企业重点培育赢利产品的市场良机，导致全盘皆输。

【案例现场】

有着400多年历史的瑞士钟表，曾经畅销全球。20世纪60年代，仅钟表业产值就高达40多亿法郎，占世界钟表市场一半以上的比例，瑞士也因此被誉为"钟表王国"。

可是，钟表王国的企业经营者却犯了一个致命错误，他们满足于瑞士表的机械技术，拒绝储备新技术。1954年，马克斯发明了石英电子技术，并上报给领导层，结果竟遭到耻笑。石英电子技术被冷落搁置，无人问津。这时，日本钟表企业伺机而动，窃取了此技术，并将利用该技术生产的石英手表于1974年大量倾销全球。

石英手表迅速蹿红，强力冲击着传统机械表。到1982年，瑞士的钟表业产值被迫屈居日本之后，世界市场占有率仅为9%。销量锐减，瑞士钟表业进入瑟瑟寒冬，多家著名企业连续亏损倒闭，失业人员逐年增加，整个国家都陷入全面危机之中。

后来，瑞士钟表企业被迫放弃传统的普通机械表制造，而逐渐把人工机械表打造成一种装饰品和奢侈品，由此，产品的职能发生了转变，产品的市场定位也实现了更新，瑞士机械表赢得了新的市场，获得了新的生机。

如今的瑞士机械手表，几乎成了一种身份的象征，而不是简单的报时工具。

瑞士钟表的遭遇，很多企业都有可能会遇到。产品的更新换代与否，在很大程度上决定了产品的赢利或亏损。

造成产品亏损的原因很多，一般归结起来，不外乎有以下几种原因：

第一，没有深入了解市场，盲目开发，使产品与市场脱节。劳民伤财开发出新产品后，又不舍得丢弃，造成进退两难的境地。

第二，盲目跟风，追随市场热销产品，等自己的产品研发后，市场已经饱和，只能亏损经营。

第三，技术力量跟不上，无法对产品进行更新换代，导致产品落后于市场发展需求，被市场逐步淘汰。

第四，企业营销方式不当，营销渠道不畅，导致产品滞销。另外，人们的宗教信仰、生活习俗，也可能会影响到产品的销售。

出现了项目产品亏损的问题，企业就应该立即终止项目或产品的营运，重新对项目产品进行审查。调查清楚项目产品亏损的真实原因，对症下药，对那些彻底丧失市场的落后产品或被市场验证确实难以立足的产品，要坚决予以舍弃。对那些尚有市场前景，但收入难以抵消巨大的成本投入的，也应该坚决放弃。而对那些通过产品更新换代，或找到合适的营销方式就能够扭亏为盈的产品，要进行全面的整改，重新启动，采用合适的营销方式，重新赢得市场的青睐，焕发出产品的第二春。

【试说新语】

企业放弃亏损市场，是一件比较困难的事情，这时不妨采用"休克疗法"，经由市场的自然选择，会检验出产品是否具有潜力和生命力。如果已经被市场证明，亏损的项目产品早已是鸡肋，那就要痛下决心，坚决舍弃。

把企业有限的精力、物力、人才和技术，转移到赢利项目产品的维护和助推上，集中优势资源，发展优势项目。

贤人指路 一次良好的撤退，应和一次伟大的胜利一样受到奖赏。

——菲米尼

苔藓阶上绿

——不可忽视"小"项目

那些开发研制周期短、生产技术不复杂的项目，往往投资少、见效快，但这类项目一般市场寿命也短，属于"过把瘾就死"的类型。企业要经营这类小项目，可以采用灵活机动的游击战术，哪里需要哪里出现，市场消失了，就重新寻觅目标，就如同苔藓一样，给点潮湿就现身，晒干了就另找地盘。一般这些项目可以作为公司经营的必要补充，特别是对于维持市场、弥补主打产品由涵盖不足造成的市场漏洞，有不可忽视的作用。

【植物精灵】

一个勤劳的青年，每天都在深山里打柴，然后挑到市集上去卖，很辛苦，也很快乐。每天打柴的时候，他都会唱着山歌，或用口哨吹着小曲。他的歌声，打动了一只小狐狸，小狐狸就跟着青年来到他的家里。青年家很穷，除了三间茅草房，一无所有。每次他青年出去打柴时，小狐狸都会化成美丽的姑娘，为他做好饭。他穿破的衣服，小狐狸也为他缝补好，放在床头。青年很纳闷。某天，他假装出门后，又折了回来，看见了小狐狸又变成美丽的姑娘，就一把拉住了她。小狐狸变不回去了，于是两个人就相亲相爱，过着简朴又快乐的生活。

一个老道士听说了这件事，很嫉妒，就做起法来，年轻人被老道用符咒迷倒，小狐狸也被捉住了。小狐狸舍不得离开心爱的人，就咬舌自尽了，鲜血滴落在院子中。青年醒来后，不见心爱的姑娘，就痛哭起来，眼泪落在了鲜血上，长出了一小片一小片的苔藓。从此，每当青年思念心爱的姑娘，院子或角落里，就会生出一片苔藓来。

小项目就像狐狸化身的苔藓一样，因为其机动灵活，适应性强，而深受一些小企业的欢迎。不要小看这些小项目，对于一些创业之初，没有什么积累的小企业来说，非常合适。每抓住一个短暂的机会，就能小赚一笔，为日后发展打下基础。

小项目，既有生产型的，又有服务型的；既有体力型的，又有技术型的。不管哪种类型，只要抓住机会，经营得好，就能为企业临时带来一笔不菲的收入，维持企业的生存，积累发展的资金。有些"小"项目，还能为企业引来长期的、相对稳定的项目，这样的机会，对于小企业来说是难能可贵的，一定不能错过。经济复苏阶段，这种类型的项目会非常多，如果你是一家刚刚创立的小企业，没有什么资金和技术，不妨多在这些小项目上下些功夫，先挖到创业第一桶金，等到有点积累，再图发展不迟。

【案例现场】

有一家经营计算机配件的小公司，积压了两万多个鼠标垫，堆积在仓库里。老板很烦恼，不知道怎样才能把这些鼠标垫处理掉，换回一些资金，好为员工发放工资。

一天，有家企业委托他的公司培训几名打字员，在培训过程中，有一个学员说，要是有一张字根表放在鼠标旁边，就方便多了。这句不经意的话，提醒了老板，他立即拿出了几个鼠标垫，让员工画上字根表，交给学员使用。学员一用，果然很方便，打字的速度提高了很多。

受到这个启发，老板立即把自己仓库积压的鼠标垫，全部印上了字根表，然后去向网吧、计算机培训学校、企业计算机培训中心等计算机使用大户推销，很快就销售出去一部分。一个计算机经销商见到这个带有字根表的鼠标垫后，喜出望外，立即打电话和他联系，一次订购了六千个。原来，这个计算机经销商接了一笔订购六千台计算机的订单，对方要求，每台计算机都要附带一张字根表，有了这个带字根表的鼠标垫，他就不用单独购买字根表了，既节省了一笔开支，又令客户感到满意，一举两得。

很快，这家小公司积压的两万多个鼠标垫销售一空，公司经营又重新走上了正轨。

这样灵光一闪为企业带来生机的事例还有很多，这些小项目虽然技术性不高，经营也不长久，但能解决客户的一时之需，填补了市场瞬间出现的小空白。抓住这样的机会，就能使企业在市场的夹缝中，觅得一席生存之地。

小项目，藏身各行各业之中，无时不有，无处不在。只要企业能深入市场，保持敏锐的观察力，时刻捕捉瞬息万变的信息，并且善于捕捉机会，就能在市场的汪洋大海中，捞到这些看似微不足道的"针"。进而查漏补缺，填补市场的空白，获得可观的利润。

【试说新语】

企业经营小项目，要注意以下几个方面。

第一，信息灵敏：时刻关注市场的动态。

第二，反应迅速：这样的项目最讲究速度，落后一步，机会就再也不会回来了。

第三，能按时完成项目要求：这样的项目一般都要求作业时间短，解决问题迅速。

第四，保证质量，讲求信誉：越是临时业务，对信誉的要求越高，有了好的信誉，客户才能放心把这些项目交给你。

把握住这几点，企业就能在经济复苏的众多机遇面前，找到自己的生存法宝。同时通过这些小项目的经营，为自己积累下生存发展的资本。

贤人指路 一般人总是等待着机会从天而降，而不想通过努力工作来创造这种机会。当一个人梦想着如何去赚取五万镑时，一百个人却干脆梦着五万镑就掉在他们眼前。

——米尔恩

向强者看齐

SONY十八条：创业有法宝

在竞争白热化的商业社会，SONY的成功应该是个奇迹，追寻SONY的脚步，人们会发现SONY的前进之路，严格遵循着它自己的创业思路，那就是"SONY十八条"。SONY依赖这十八条创业思路，在残酷的市场拼杀中，冲出了一条通往辉煌的未来之路。

"SONY十八条"对在经济复苏中苦苦摸索的企业，会有很好的启发。

第一条：SONY不是制造顾客想要的产品，而是制造对顾客有用的产品。

第二条：SONY不是根据顾客的眼光，而是根据自己的眼光制造产品。

第三条：SONY的产品，不根据可能性来决定大小和费用标准，而是根据必要性和必然性来决定这一切。

第四条：市场可能已经成熟，但是产品永远没有成熟一说。

第五条：没有成功的原因，完全能够成为成功的证据，最重要的是找到失败的原因，并设法加以解决。

第六条：不要想尽办法降低优质产品的价格，而应该尽快制造出更优质的产品。

第七条：产品的弱点一经克服，就会产生新的市场；如果进一步发扬产品的优点，现有的市场就会进一步得到扩大。

第八条：开动脑筋，积极创新，就可以使产品得到新的附加价值。

第九条：成本和费用降低，不要超出计划的范围。

第十条：如果是因为动手迟失败，那就很难东山再起。

第十一条：不畅销的产品有两个原因，不是价格昂贵，就是产品质量差。

第十二条：新的种子（产品）必须播种在能够使种子成长的土地上。

第十三条：如果你开始注意其他公司的动向，就是经营失败的开始。

第十四条：可能和困难，自然都属于可能的范围之内。

第十五条：不能鲁莽行事，但多少要有一些蛮干的精神，如果能坚持下去，思想和行动就会发生变化。

第十六条：所有新的技术都必将被更新的技术所取代。

第十七条：市场永远不可能被调查出来，而是创造出来的。

第十八条：用行动证明自己，而不是其他。

如果企业的经营者能够做到这十八条，也许就会成为下一个SONY。

第三章

有些花草会淘宝

——实时推出核心产品

学会给苹果树疏花

——精心培育优质产品

产品是企业生存的根本，危机过后，市场必将迎来一次大洗牌，而产品将成为企业能否在新的市场上站住脚的核心和关键。产品就是企业的核心竞争力，离开了产品，企业的营销力、执行力等都将成为一句空话。精心培育优质产品，是经济复苏后企业重返市场的首要任务，也是核心任务。

每年春天，苹果树开花的时候，人们都会看到果农们在忙碌地为苹果树疏花，目的就是确保苹果的质量优良。企业对待产品的培育也应该如此，只有大力提高产品的质量，才能确保产品的生存能力。

【植物精灵】

没有谁知道他姓甚名谁，也没有人知道他年龄几何，来自何方。他是一个白胡子老者，住在深山的一条小溪边的茅草房中。房屋前长着一棵巨大的苹果树，老者每日看护着这棵苹果树，为树浇水、施肥、剪枝、捉虫，精心地护理，一天也不闲着。这棵苹果树，就是他的一切。

这棵苹果树，每年只结一百零八只苹果，不多也不少，每只都又大又圆，像红宝石一样闪闪发光。每当苹果树开花，他就会踩着一架竹梯，把多余的花朵摘掉，在一百零八根枝条上，每根留下一颗苹果，每一颗苹果，最后都长得一模一样，芬芳诱人。传说这位老者是为太上老君看丹炉的一个童子，因为打瞌睡误了老君炼丹，被贬下凡尘来看护这棵苹果树。后来，白胡子老者不知所踪，那棵巨大的苹果树，化成了一座山峰，就是后来的花果山。

给苹果疏花的技术，是保证苹果质量的重要方法，值得企业在培育自己的优质产品时参考借鉴。企业产品的质量，是产品的核心要素，这一要素决定了产品的生命力。

那么，产品的质量是由什么决定的呢？

产品的质量，最重要的一点就是能够体现消费者的价值观，满足消费者的价值需求。它的一切质量，都是由消费者的需求层次决定的。由此看来，培育优质产品的目的，就是从更多的层面和内在特性上，更好地满足消费者的价值需求。

为满足产品的这一特性，企业在培育自己的产品时，就应该把注意力集中在消费者对产品的潜在价值期待上，剔除产品的旁生价值，使产品更容易从内在质量上打动消费者深层次的价值需求，激发消费者潜在的消费欲望。

【案例现场】

在爱尔兰，有一个农场主养了一匹好马，这匹好马除了参加民间赛马会能取得优异成绩外，还有一个绝活，就是能够自己打开大门回到马厩。有一位英格兰绅士看中了这匹马，就花大价钱买下了它。这个绅士平时舍不得骑，只是有重大活动的时候，才将爱马牵出来亮亮相。

在一次传统的爱尔兰民间赛马会上，绅士突然发现自己心爱的马不见了。他非常着急，找到农场主，向他打听马的下落。农场主也没有见到马，但他很快就想到了马的下落，于是对绅士说："给我一千英镑，我帮你找回马。"绅士答应了这个条件，于是，农场主就把绅士领到自己的家里，果然看见那匹马正在马厩中站着。绅士认为农场主讹诈他，就把他告上了法庭。法庭听了双方的陈述，决定进行一次试验：把马牵到法庭上，然后放开，如果马自己能回到农场主的马厩中，绅士照付一千英镑；反之，农场主向绅士赔一千英镑。结果，马真的自己回到了马厩，绅士心甘情愿地付了一千英镑。

绅士很高兴，他认为自己发现了一个新的赚钱项目，于是故意让这匹马失踪，然后与人赌这匹马的藏身之地。连续赌赢了几次后，人们就发现了这个规律。后来有一个人买下了农场主的农场，拆掉了马厩，马回来后找不到马厩，就一直在外面徘徊。买农场的那个人很生气，试图要将这匹马赶走，结果，马被激怒了，连踢带咬把那个人弄得遍体鳞伤。绅士被告上了法庭，他只好赔了那个人一大笔钱，并且把马低价卖掉了。

故事中马的原来的主人赚得了一大笔钱，而绅士却赔了一笔钱，原因在于绅士错估了马的用途和价值，最后才导致赔本输官司。由于联想到任何产品都有它市场使用价值的局限性，只有充分发挥产品的主导价值，才能满足消费者的需求，为企业创造应有的利润。衡量一个产品的优劣，有两个标准，一是能否满足消费者的实用需求，二是能否满足消费者的精神需求。这两者紧密结合，才能充分体现产品的价值，才会受到消费者的青睐。离开其中任何一点，产品都会成为次级品，而被市场淘汰。

【试说新语】

一个优质的产品，本身就具有静销力、渠道力、价格力和品牌力。打造一个优质的产品，必须在产品的质量上下足工夫，张扬凸显产品的长处和优点，弥补产品的缺点和短处。产品的个性越突出，就越能发挥出自身的静销力，进而打通销售渠道，卖个好的价钱，最终培育成品牌产品。反之，产品的功能看似很多，但不能满足消费者的核心需求，引不起消费者对产品的价值共鸣，那么这个产品迟早会被市场抛弃。

> **贤人指路** 顾客真正购买的不是商品，而是解决问题的办法。
>
> ——特德·莱维特

策略13

梭椤怀胎
——善于挖掘产品自身的潜力

【植物精灵】

世界上的蕨类大多是草本植物，而梭椤属于木本植物。梭椤又叫飞天擒罗，是侏罗纪与恐龙时代流传下来的一种孑遗植物，被称为植物活化石。梭椤树高可达八米，是现今仅存的木本蕨类植物，极其稀少珍贵，被列为世界级重点保护植物。梭椤外观像椰子树，树干挺拔直立，树冠丛生，大量大而长的羽状复叶，向四面八方伸展飘垂，叶子下面生有许多星星点点的孢子囊群。梭椤不开花，也无法结果，就是靠这些孢子繁衍后代，这些孢子囊群就是梭椤的"胎"，所以人们都戏称梭椤这种现象为"梭椤怀胎"。

梭椤的孢子和一般植物的种子不同，它落在合适的土壤里并不会直接生根发芽，而是先长出一个片状的原叶体。原叶体上面生长着颈卵器和精子器，当精子器成熟后，里面的精子在水中游动，游到颈卵器里，和里面的卵子结合，形成合子，这样才能发育成一棵新的梭椤。梭椤怀胎是个非常有趣的现象，孢子囊群脱离了母树，落在水中才能重新孕育出新的生命。梭椤的经济价值也很高，是一种名贵中药材，民间常用梭椤煲汤，因其珍贵而一般人难饱口福。

企业开发出一种产品，开始可能只是针对产品某一方面的功能和价值，其自身的潜在价值有时并不能为企业所发现。企业应该像梭椤怀胎一样，让产品衍生出很多新的功能，进而开发出新的市场，找到新的利润空间。这也是企业培育产品生命力的重要手段和途径。产品的潜力挖掘越充分，产品的静销力就会越强，就越能打动吸引消费者。企业只有更加注重消费需求，注重产品的技术含量和人文关怀要求，深层次上满足消费者的需要，才能使产品深入人心，成长为一个生命长青的品牌。

产品自身的潜力包含很多方面：

首先，它的使用价值是否有提升的空间。例如桫椤，除了煲汤以外，还可以用孢子入药治疗一些疾病等等。

其次，人文价值是否被挖掘了出来。同样是桫椤，是否可以作为观赏植物来栽培，用以满足人们的精神需求。

再次，通过改变产品的外形和包装，扩展产品的适用范围，为消费者带来消费便利和消费节约。

最后，看产品的衍生性，是否能开发出与产品的功能互为补充的新产品。

经济复苏后，消费者对产品的需求肯定会发生一些新的变化，这些变化要求企业必须对自身产品进行挖掘调整，以便更适应消费者的需求。

【案例现场】

在美国龙舌兰酒顶级市场上，唐娜女士向市场霸主Patrón公司发出挑战，要从Patrón公司的市场比例中分得一杯羹。这看起来就像一个笑话，因为在美国，Patrón公司几乎就是龙舌兰酒的代名词。该公司是龙舌兰酒顶级市场的开拓者，经营历史已经长达几十年，整个龙舌兰酒顶级市场没有不在它的控制范围内的，几乎无人能撼动其霸主的地位。可是大胆的唐娜女士却不信这个邪，她向Patrón公司发起了全面挑战，与Patrón公司展开了激烈的竞争。她首先和丈夫一起创办了Voodoo Tiki龙舌兰酒公司，Tiki就是波利尼西亚神话里的人类创始人，是人类的鼻祖，用神话人物作为公司的名字，显示出唐娜要开辟一片龙舌兰酒新天地的野心。

唐娜与Patrón公司竞争的法宝并不稀奇，她只是改变了一下酒的包装，也就是新瓶装旧酒。她使用的酒瓶完全是人工吹制，并在每个酒瓶上都印上唯一的编号，同时，在酒瓶内放置了一个透明的玻璃吹制的Tiki神像。完成了对产品的外包装改进，也就为传统的龙舌兰酒注入了自己的文化元素，她确信，这是她的产品与Patrón公司产品的本质区别，是与Patrón公司抢夺市场的唯一利器。

唐娜还有另一高招，就是绝不去开拓新的市场，她只是跟在Patrón公司的后面，把开拓市场、培育市场的麻烦工作都交给Patrón公司去做，自己坐享其成。她曾明确地表明自己的这个态度，认为这样做成本要低得多，所以利润也会比Patrón公司高很多。

果然，她的产品自从2006年投入市场以后，第二年销售额就达到了120万美元，产品销往美国23个州，并进入了6个海外国家的市场，一举使自己的产品在市场上站稳了脚跟。

唐娜只是用Patrón公司的龙舌兰产品变了一个戏法，就分走了Patrón公司一部分市场和丰厚的利润，坐享其成，吃了个"巧食"。这是企业挖掘产品自身潜力的典型成功案例。经济复苏后，企业必将面临很多难题，如何使产品更能符合消费者新的需求，是企业挖掘产品潜力的推动力。每一个产品，都会随着市场的成长而成长，企业要让那些僵化的产品适时蜕皮，不能墨守成规，故步自封，抱着以不变应万变的心态，来束缚自己产品成长的脚步。那样的话，早晚会使自己的产品因跟不上消费者需求变化的脚步而被淘汰。

一个产品其实就是一个变形金刚，稍微变换一下姿势，加进一些新鲜的元素，可能就会带来一个新的市场，带来新的利润空间。

【试说新语】

企业挖掘自身产品的潜力，是迅速赢得市场的一条快捷通道。

挖掘产品的潜力，可以从以下几个方面入手：

第一，产品的实用功能拓展，赋予产品新的功能。

第二，开发产品的伴生品，对产品的缺陷进行弥补和补充。

第三，改变产品的外形和包装，使之更能贴近消费者的消费需求。

第四，为产品注入新的文化元素，增加产品的人文价值，满足消费者的精神需求，多层次开发产品的潜在价值。

策略14

窝地瓜下蛋
——改良产品，升级换代

　　企业经历经济危机后，一般会面临自身产品老化、难以适应市场需求变化的难题。经济复苏后，就需要对产品进行改良，突出产品的某一功能或特征，以便吸引更多的新客户，更好地维持原有客户，这种办法又被称作产品再推出。在这方面，一些植物自身的进化，也给大家很好的启示。

【植物精灵】

　　古时候，每棵地瓜秧只结一颗地瓜，后来发生的一件事，使每棵地瓜秧结的地瓜突然多了起来。事情的经过是这样的：有一个大财主，贪婪又吝啬，他养了一只芦花鸡，每天都要抽打它，逼它多下蛋。有一天，芦花鸡再也无法忍受财主的虐待而逃跑了，财主派家丁到处追赶芦花鸡。芦花鸡被追赶得筋疲力尽，就藏在了地瓜秧下。财主找不到芦花鸡，只好回家了。

　　后来，财主得知芦花鸡就藏在瓜地里，于是前来寻找。他翻遍了地瓜地，眼看就要找到芦花鸡的藏身之地了，瓜地里的地瓜仙子灵机一动，把芦花鸡变成了一棵地瓜秧，把它生下的蛋都变成地瓜。为了掩护芦花鸡，地瓜仙子让每棵地瓜秧都结了四五个地瓜，与芦花鸡生下的蛋变成的地瓜没什么区别。财主一连挖了很多棵地瓜秧，最后实在辨别不出哪棵是芦花鸡变的，只好失望地离开了。而穷苦百姓们来收地瓜的时候，才发现了地瓜的变化，他们非常感谢芦花鸡和地瓜仙子，就把一次结这么多的地瓜称为"窝地瓜下蛋"。

　　这是一次地瓜的自我改良，这样的改良大大地提高了地瓜的产量。而对于企业的产品来说，任何层次上的改良，都是一次产品再推出。它一般包括以下几个层次的调整：

第一，改良质量，包括产品的可靠性、耐久性、安全性等，例如把普通洗衣机改成具备漂洗、脱水等多种功能的洗衣机；改变产品的档次，增加消费群体，可将豪华产品改为普通产品，降低产品档次，也可以将普通产品升华为高档产品，使产品能满足不同层次的消费需求，以此来扩大产品市场，延长产品的成熟期和衰退期。这些办法主要可以通过改变产品的原材料来实现。

第二，改良产品的特性，例如大小、重量、附加物等，也可以为产品增加一些新的特性，增加产品的适用性，使消费者更方便地使用。

第三，改良产品的样式，如改变款式、外观、形态等，形成新的花色品种，刺激消费者的需求，满足消费者对新产品的喜好心理。

第四，改良产品的附加价值，包括服务、优惠、咨询、质量保证、消费指导等附加内涵，以此改变消费者对产品的认知，赢得消费者新的认可。

【案例现场】

石川先生是伊仓产业公司的总经理，他从事中药经营销售多年，有着很丰富的中药销售经验。20世纪70年代，人们普遍信奉西医西药，中医在日本备受冷落，中药几乎没有市场。石川先生经营的中药店，经营情况与其他的中药店一样非常糟糕，面临着破产倒闭的局面。

但是即使如此，石川先生仍然认定中医中药是一种非常好的治病方式，他觉得很多人对中医中药有误解，只要改变人们的认识，中医中药还是很有前途的。他下定决心，要找到改变这一状况的良方。有一次在茶馆中喝茶，苦苦思索的他突然受到了茶馆的启发，想到把中药和茶馆结合起来，把古老的传统和现代生活方式融合在一起，以此来改变人们对中药的认识，促进中药的销售。

1970年9月，石川先生创办的第一家中药茶馆，在东京比较繁华的中央区开张营业。为一改过去中药店的阴郁氛围，石川按照茶馆的样式风格对中药茶馆进行了装饰，安装了现代化的空调、灯光、音响等设备。雪白的墙壁、绿色的地面和桌椅，透明或橙黄色的各色中药饮料放置在考究的壁柜里，无不显示出豪华的气派、高雅的格调。这些中药饮料经过改良，无论药酒还是果汁，中药的味道都已被大大地减轻、冲淡，很适合现代人的口味。进入店里，浓郁的现代都市生活气氛与古老的中药神秘气息，完美地融合在了一起。

这种独具特色的经营方式，一经推出，立刻引起了新的消费高潮，大量的年轻顾客涌进门来，店里常常座无虚席。人们在轻松美妙的流行音乐声中，悠闲地品味着口味独特、强身健体的中药饮品，享受着一种新的生活体验。

就这样，伊仓茶馆成了东京休闲的一大热门景点，过去没人喜欢吃的中药，一下子成了人们强身健体的珍品。伊仓公司的中药买卖，也从此兴隆起来。

石川先生对中药产品的改良很成功，为中药在日本的销售找到了一个新的突破口。无人问津的中药，摇身一变成了公司的摇钱树，这就是产品改良带来的好处。

【试说新语】

企业在产品改良即产品再推出时，应该把重点放在产品对市场的适应力上，无论是进行质量改良，还是特性改良，目的都是激发消费者的消费欲望和消费需求。所以，把握住消费者的需求倾向，是进行产品改良的前提。为此，企业不妨在对产品进行全面改良前，进行新产品试用试验，如果试验成功，再全面推出改良后的产品，这样可以有效避免市场对改良产品的不适应而造成的不必要的损失。

> **贤人指路** 良机对于懒惰没有用，但勤劳可以使最平常的机遇变良机。
>
> ——马丁·路德

策略15

老鸹等不到葚子黑

——是不是好产品市场说了算

【植物精灵】

　　乌鸦是食肉的鸟类，有一天早上，它好不容易找了块肉，正蹲在树枝上准备当早餐享用。这时，一只狐狸从树下路过，看到乌鸦叼着肉非常眼馋，便一个劲地拍乌鸦的马屁。它赞美乌鸦歌唱得好听，希望乌鸦再唱一首，让森林中的百兽欣赏一下。乌鸦一高兴，忘了嘴里叼着肉，开口就唱，结果肉掉到了地上，被狐狸捡起来叼跑了。

　　乌鸦发现上了当，就展开翅膀追赶狐狸，可是狐狸藏在桑树下，三两口就把肉吞吃了。乌鸦逮住狐狸又抓又啄，狐狸抵挡不住，就骗乌鸦说，那肉它不敢吃，而是晾在桑树上等乌鸦来啄食。乌鸦向桑树叶间一看，果然有很多红红紫紫的"肉丁"，便信以为真，急忙放开了狐狸，去桑树上啄食。

　　当然，这次乌鸦又被狐狸骗了，它吃的是成熟的桑葚。此后，每到桑葚快要熟了的时候，乌鸦都会赶来抢食，桑葚还没等熟透变黑，就已经被它们啄食光了。所以，民间就有个说法，叫老鸹等不到葚子黑。

　　乌鸦之所以会抢食桑葚而忘记了肉味，是因为桑葚味道鲜美，比肉还好吃。企业的产品也是如此，是不是好产品，市场和客户说了算。一个好的产品，最起码的要素是能满足消费者的实用需求，例如一双鞋子，首先它得合脚，其次是耐用，不能穿几天就破，同时还要能满足消费者的心理和精神需求。同样是鞋子，有的要求漂亮时髦，有的要求新颖别致，有的要求运动健美，有的可能要求专业适用。不同的消费群体，对同一产品也有不同的判断标准，在一个群体里是好产品，放在另一个群体里可能就是无人问津的次级品，这就要求产品必须选准自己的消费对象。否则一旦出现错位，就会前功尽弃，毁了产品的前途。

鉴别产品的好坏，需要企业时刻把握市场的变化，时刻调整自己的产品。一个好的产品，可能会随着市场的变化而变成一堆垃圾。这样的事例屡见不鲜，必须引起企业家们足够的重视。

【案例现场】

"亲爱的妈妈，别把我的柯达彩色胶卷拿走。"这是美国著名歌手保罗·西蒙在20世纪70年代所谓的一首歌中的歌词。几乎每个人都有关于柯达胶卷的记忆，那是一个曾经如此辉煌的产品，给世界上众多的人带来了无数美好的瞬间和回忆。可是到了2009年6月，拥有74年辉煌历史的柯达胶卷，被迫宣布全面下线停产。

根据柯达公布的某第三季度财报，数字成像业务亏损8900万美元，而上一年同期还赢利2400万美元，同时，其他业务也好不到哪里去。利润全面下滑，除了经济危机因素影响外，更重要的是柯达对自身经营的产品定位出了问题。翻看柯达的年度财报，很容易就能看出，近十年来逐步萎缩的传统胶片业务，竟然一直是柯达公司利润的主要来源。这一现象说明，柯达过于迷恋自己过去在传统胶卷领域的霸主垄断地位，对快速崛起的数字成像技术缺乏足够的认识，以至于在对公司经营的产品进行彻底转型时，显得犹豫不决，直到被逼进死胡同。

而反观柯达的竞争对手富士和佳能等企业的发展之路，就会让人清楚地知道柯达所犯的错误是多么严重。柯达是第一个敏锐地觉察到数字技术会对传统影像行业造成巨大冲击的企业，它很快研发了最早的CCD数字技术，发明了世界上第一款数字相机。但是之后它却迟迟没有把数字相机作为发展重点，而是抱残守缺，死抱着传统胶片业务不放。这让同样面临着数字技术冲击的传统相机生产企业佳能后来居上，研发出CMOS技术，绕过了柯达的技术壁垒，而成为行业规则的制定者，一跃变身为全球最大的数字相机生产企业。佳能毅然决然的转型，与柯达的被动等待形成了鲜明的对比，也导致了两种不同的企业命运。

一个曾经口碑非常好的产品，为何会沦为市场的弃儿呢？并不是因为产品的质量出了问题，而是因为市场需求发生了变化，淘汰了旧产品。所以，一个好的产品，不仅要质量上乘，最重要的还要能满足市场的需求。现在人们都使用数字相机了，根本不需要胶卷，柯达胶卷质量再好也是枉然。所以，紧紧跟随着市场的需求而不停地调整自己、改善自己，一个好的产品才会有耐久的生命力。

【试说新语】

好产品是市场上消费者最需要的产品，明白了这一点，企业在经营自己的产品时，就要时刻捕捉市场瞬息万变的需求，努力改善自己的产品，使之能时刻满足市场和消费者的需求。同时对产品的未来走势，提前做好预判，对已处于生命尽头的产品，及早进行更新换代，不要被这些垂死的老产品拖住后腿而贻误发展的良机。柯达就是一面镜子，这样的教训不能不汲取。

贤人指路　　一个人既有成算，若不迅速进行，必至后悔莫及。

——但丁

策略16

马齿苋晒太阳

——保持好热门产品的热度

【植物精灵】

马齿苋又名晒不死，它为什么会晒不死呢？相传盘古开天辟地后，天上有十个太阳，大地上的万物当然受不了，所以英雄后羿弯弓搭箭，一连射下了天上的九个太阳。他正准备射第十个太阳时，却发现太阳不见了，后羿以为已经射下来了，就扔了弓箭回家去了。第二天，天上只剩了一个太阳，而且东升西落，再也不漫天乱跑了，大地万物又恢复了生机。

原来，第十个太阳看到后羿射日，吓得浑身发抖，就藏在了马齿苋下面躲过了一劫。为了感谢救命之恩，太阳就许诺救它的马齿苋将不会被晒死。从这之后，马齿苋即便被拔下来，扔在地上暴晒几天，但只要下场雨，被晒得萎蔫的茎叶就又会生根发芽活过来。

如果企业的产品能像马齿苋那样，具有强大的生命力，无论市场环境发生什么变化都整不死，那无疑将是一个有价值的产品。这样的产品不仅在经济危机中能够坚强地生存下来，而且在经济复苏后，必然能捷足先登，很快成为市场的新宠儿。如何像马齿苋那样，始终保持产品的热度，其实就是考验企业产品的生命力。

一个产品是否热销，首先取决于产品自身的内在质量是否过硬，就像马齿苋，即便被拔下来，只要茎叶沾到土壤，再给点雨水，同样会复活。好产品一般都有四个方面优秀的品质，即吸引力、静销力、渠道力和价格力、品牌力。这四种能力相辅相成，互相作用。比如产品有足够的吸引力，就有了静销力，例如宝石、人参等。有了静销力，自然就有渠道力和价格力。对热门产品而言，即便企业不出家门，也会有人找上门来，出高价求购，因此产品就会形成品牌力。

【案例现场】

在这个制造能力越来越强大的时代，市场并不缺少产品，如何保持产品的热度，避免产品过剩，SONY中国副总裁高筱静雄先生曾经这样说过："对于一个科技消费品来说，没有什么比打造一两款热门产品更能给企业带来利润的了。"

目前，电视行业已是成熟行业，市场趋于饱和，竞争日益激烈，在此环境下，SONY公司遵循打造热门产品的策略，始终保持强大的竞争力。前几年，SONY电视推出数款出色的热门产品，尤其是电视领域，连续推出领先于同行业的液晶电视产品，并不断地开发出新的产品，增加新的功能。同时，新产品与方兴未艾的高科技电子技术紧密结合一起，画面更清晰，样式更多样，搬运更轻便，形式更灵活。尤其是新推出的超薄壁挂式电视，使用更加方便，更能适应各种复杂的环境，加上质量的完美，无论在喧嚣的车站码头，还是幽静的宾馆旅店，甚至超市商场，几乎都能看到SONY液晶电视的身影。

优异的质量，使得SONY电视产品在全球市场上销售极佳，取得傲人战绩，曾经赢得全球液晶电视市场比例冠军的宝座。

说到底，一个企业的产品能够度过经济严冬，又能在经济复苏后的热潮中不畏竞争，继续保持其强大的热销力，最根本的还在于产品力。产品力就是竞争力，不仅体现出品牌的功能价值，还体现出企业的文化价值，会直接影响企业的利润，决定企业的生死。可口可乐在人们心目中，不只是一种碳酸饮料，更是美国文化的象征。这样的产品就是一款热门产品，不管外界刮起怎样的寒风，或者是怎样的酷暑难耐，都不会轻易降低、削弱、分化它在消费者心中的地位。

热门产品之热，一定是大卖热卖且长卖，也就是畅销长销高价销。这样的热门产品注入市场，就如同马齿苋晒不死一样，会让酷暑里的市场不再那么炎热难耐。一家企业，热门产品越热，则品牌力就越强；热门产品越多，则品牌力就越大。

现在，效仿马齿苋在酷暑中的生存方式的企业越来越多，这些企业和品牌认识到打造强大产品力的根本就是打造热门产品，并让这种热度不断地延续和持续，进而在复苏兴旺的市场上留有自己的一席之地，而不被强大的竞争对手击垮。

事实也证明，拥有热门产品的企业比同行业其他的企业有着更广阔和稳定的市场，它们更容易在各种环境的考验中赢得属于自己的地盘。这也是目前众多企业呼唤热门产品、强调热门产品的关键所在。

【试说新语】

热门产品是企业赖以生存的法宝，企业要维持热门产品的热力，必须加强对产品的质量维护、市场维护和品牌维护。

首先，必须时刻保证产品的质量，这种质量是建立在最大限度满足市场和消费者的需求基础上的。

其次，做好产品的市场维护，多渠道、多角度巩固产品在市场中的地位。例如办一些回馈消费者和社会的活动，使产品市场的边际效应不断扩大，防止跟进者、竞争者入侵。

最后，维护好产品的品牌形象，不让品牌受损，以免损伤品牌的生命力。

> **贤人指路** 只有当潮水退去，才知道谁在裸泳。
>
> ——巴菲特

沙漠精灵数红柳

——打造核心竞争力

　　企业核心竞争力是企业生存发展的关键，没有核心竞争力，企业就无法在经济复苏的激烈竞争中脱颖而出，谋求大规模的发展。企业的核心竞争力，不单纯等同于企业的竞争优势，而是企业生存发展的原动力，其核心就是企业的核心产品和技术。自然界中，每一种植物都有各自的核心竞争力。

【植物精灵】

　　生长在塔克拉玛干沙漠的红柳，应该算是植物界的一个奇迹。红柳根系非常发达，一棵红柳的根系能深入地下几十米，覆盖周围数十米的范围，能固定住大量的沙土。红柳抗拒着沙漠的进一步侵袭，是沙漠绿洲的最后一道屏障。

　　相传，古代的塔克拉玛干是一个美丽富饶的地方，有一对新婚夫妇生活在那里。有一天，恶魔趁新郎不在家，强抢新娘做自己的压寨夫人。新娘不从，恶魔就施魔法，搬来铺天盖地的黄沙，要埋掉这对夫妇的家园，让他们走投无路。新娘为了保护家园，化身为一棵巨大的红柳树，用身体遮盖住仅存的一小块草地。恶魔恼怒了，便把新娘固定在大地上，使之再也无法恢复原来的模样。新郎去找恶魔报仇，却被恶魔活活杀死，临死前他紧紧地抱着妻子，鲜血把整棵大树都染红了。就这样，他们夫妇用身体护住了一小片草地，为人们留下了生存的希望。后来，红柳就在绿洲的边缘扎根生长，抗拒着沙漠对草地的吞噬。

　　发达的根系是红柳的核心竞争力，使整棵树能够吸收水分，维持生存。

它挡住了沙漠，其实就是保护了仅有的一点水源，保护了自己的生命。企业拥有了自己的核心竞争力，就如同红柳拥有了发达的根系，不仅能牢牢地占据市场，还能为市场的拓展发挥出巨大的辐射力，促进企业的持续发展。

打造企业的核心竞争力，不单是要拥有核心产品和核心技术，还要有能够使产品和技术转化为满足市场所需的强大执行力。执行力的强弱，直接决定了产品和技术最后能够爆发出多少能量。所以，企业要想通过产品和技术赢得市场，就必须加强自己执行力的建设。有了强大的执行力，企业的核心竞争力才能落实到位，真正体现出威力。

【案例现场】

百事可乐是可口可乐的跟进者，它要想在可口可乐独霸的碳酸饮料市场上分得一杯羹，抢夺一块地盘，必须要拿出自己的核心竞争力，否则只会碰得头破血流。

经过周密的筹划，百事可乐认为向可口可乐发动猛攻的时机已经成熟，于是在1972年办了一次大规模的饮料比对活动。他们在公共场所，请行人免费试饮两种饮料，饮用者认为哪种饮料好喝，举办方就赠送他们一瓶那种饮料。这两种饮料最后被公布为可口可乐和百事可乐，最后实验结果显示，近70%的试验者获赠的饮料是百事可乐。这说明，百事可乐以7：3的优势压倒了可口可乐。在两种饮料第一印象的比拼中，百事可乐占了上风。

而后，百事可乐乘胜追击，把这次比对试验的场面在电视上反复播放，这在直率的美国人眼中产生了颠覆性的攻击效果，让一些本来饮用可口可乐的老客户纷纷放弃可口可乐而改饮百事可乐。大批的经销商也开始倒戈易帜，投靠到百事可乐的门下，开始经销百事可乐。百事可乐一战成名，销量直线上升，逐渐占据市场的半壁江山，与可口可乐分庭抗礼。

有人认为这是一场阴谋、一场炒作，但无论如何，百事可乐达到了自己的预期目的，那就是瓜分可口可乐的市场。那么，百事可乐靠什么法宝赢得这场比拼的胜利呢？原来百事可乐只是比可口可乐高出了9%的含糖量。这一细小的变化，使百事可乐的口感更好，更能博得消费者的好感。

百事可乐依靠自己的核心竞争力，以高出对手9%的含糖量击败了可口可乐，分得了本来属于可口可乐的市场比例。同时还迎头赶上，打下了一个非常好的基础。可见，企业核心竞争力对企业发展起到了巨大的作用。一个企业，不可能有执行所有竞争活动的能力，那样做既不经济也无法达到应有效果。只有集中主要精力，打造自己的核心竞争力，并用超强的执行力，把这种竞争力转化为攻占巩固市场的能力，不断地创造出自己独特的竞争优势，才能一步一步占领属于自己的市场。

任何的竞争优势都无法长久持续下去。一方面，市场需求在不断变化，原有的优势可能会瞬间变成劣势；另一方面，对手完全可以复制自己的优势，而使自己的优势化为乌有。所以，企业必须时刻关注市场需求变化，通过不断创新来满足市场的需求，保持自己的优势和核心竞争力。

【试说新语】

企业要保持自己的核心竞争力，不妨以自身所处行业中的标杆企业为参照物，以对方为榜样，从它的经营活动中找到自己培育核心竞争力的灵感。通过不断创新为市场和消费者创造出新的生活和精神价值，以推动企业向前发展。

> **贤人指路** 办企业有如修塔，如果只想往上砌砖，而忘记打牢基础，总有一天塔会倒塌。
>
> ——浦木清十郎

向强者看齐

加贝尔：学做一个聪明的跟进者

　　如果做不到原创，不妨做一个市场的跟进者。虽然跟进者不可避免地要面对诸多不利的因素，比如核心技术、重要专利、行业标准、最佳的经营位置、顾客对品牌的忠诚度，以及政府和政策关系等重要的资源可能已经完全被开拓者牢牢地控制在手中，但这些劣势是跟进者必须要跨越的障碍。

　　市场空间有限，也是对跟进者极为不利的重要因素。例如像摩尔这样的销售巨头要进入小城镇，几乎就可完全挤压掉那里的市场。同时，从消费者角度去看，有些消费者选择新的商家，要跨越一些经济问题带来的障碍，高昂的转换成本可能会使他们对新的商家望而却步。例如微软的用户要想转苹果，自然就会需要新的操作系统的学习成本，如果学习代价过高，不足以抵消跟进者提供的好处，那么顾客就会对跟进者的产品和服务缺乏足够的热情。

　　当然，任何事情都有两面性，虽然第一个吃螃蟹的开拓者更有条件和机会抢占有利的市场地位和拥有技术优势，但跟进者也并非没有自己的长处。比如，跟进者显然不用花费巨大的精力来开拓培育市场，也无须耗费巨资来开启消费者对产品和服务的认知大门。很多跟进者，同样能成为市场的宠儿，后来居上，这样的事情不乏先例。曾经三次采用跟进者策略获得成功的加贝尔就是一个很好的例子。

　　虽然加贝尔口口声声说，很多时候最好的产品未必会是最终的赢家，不管跟进者的产品质量性能比别人好上多少倍，那些率先占领市场的企业早已通过品牌的大力宣传和全面营销，把消费者牢牢地抓住，而消费者一旦习惯了某些不错的产品，就会产生一定的依赖性而拒绝改变。但现实的情况却是，加贝尔还是用他的最新杰作成功击败了在线邀请服务领域的老大——过去十年一直无可争议的业内霸主Evite，而跃居第一的位置。加贝尔除了看到Evite给他增加的困难和障碍外，更看到了Evite服务的缺点所带来的市场商机。并能针对Evite的不足开发出了自己的产品和服务，新的产品和服务不仅拥有Evite的全部优势，还弥补了它的不足和缺陷，从而使自己虽然起步晚了十年，但跟进的速度特别快，效率特别高。仅一年时间，这个只有11名员工的小公司，营业额就超过了250万美元。

要做一个跟进者，就要做一个聪明的跟进者，否则就没有胜出的可能。虽然跟进者可以完全模仿开拓者的产品，但也要有自己鲜明的个性，让人轻易地就能与开拓者的产品区分开来。无论是模仿还是复制，都要注入自己的创新元素。这些创新，完全可以从功能、质量、包装、价格、销售等众多方面入手，只要能找到开拓者产品的缺陷，就能为自己找到足够的机会。加贝尔的经营模式与竞争对手Evite完全不同，Evite的赢利渠道是以对顾客免费，吸引足够的顾客群，然后为其他企业发布广告来赚取利润。而加贝尔显然拓宽了这种渠道，他通过邀请函的印刷邮寄等众多的附加服务来制造利润，消费者还可以选择不带广告的付费服务，从而体验相对新鲜的服务感觉。

当今市场上真正的创意越来越少，作为一个创业者，目标必须更实际。我们完全可以去效仿别人成功的产品和服务，然后只需要结合自己的创意就可以了。

第四章

有些花草情未了

——追情人一样追顾客

像洋槐花那样吸引蜜蜂

——知道顾客需要什么

顾客是企业生存的土壤，能为企业带来利润，当然，企业也为顾客提供所需的产品，这二者是不可分割的统一体。但对于一个具体的企业来说，顾客可以没有这家企业，而企业却不能没有顾客。顾客对企业的可选择性，注定了企业只能成为顾客的一个选择，而不可能成为顾客的唯一选择。因此，像洋槐花知道如何吸引蜜蜂一样，知道顾客需要什么，是企业的必修课和基本功。

【植物精灵】

洋槐花蜜，是蜂蜜中的上品，洋槐花也是最吸引蜜蜂的花朵之一。每当洋槐花盛开的时候，就会有大群的放蜂人，聚集在洋槐树林中放蜂采蜜。洁白的洋槐花挂满树枝，远远望去，既像天上的云朵，又像大海卷起的波浪。走近洋槐林，就会闻到阵阵袭来的幽香，令人迷醉。这里到处是飞舞的蜜蜂，它们不停地忙碌着，采撷着花粉，酿着甘甜的蜂蜜。

关于洋槐花和蜜蜂还有一个动人的传说。

很久以前，一位印第安青年在山谷中迷路了，因饥饿昏倒在一棵洋槐树下。一位仙子发现后，就采来洋槐花粉喂食青年。青年醒来后发现身旁有一群蜜蜂，原来蜂王就是救他的那位仙子。从此，印第安青年就把洋槐树和那群蜜蜂当成了神灵，精心保护着洋槐树和蜜蜂不受侵害。每年春天，蜜蜂就会用蜂蜜回报青年的真诚呵护。

洋槐花为蜜蜂准备了营养丰富、香甜可口的花蜜，蜜蜂也心甘情愿为洋槐花忙碌授粉，他们互惠互利、双赢共进。企业要想生存发展，也要像洋槐花那样，知道顾客需要什么，为顾客提供最好的产品，满足顾客的需求。不同的顾客有着不同的消费心理，所以企业首先要为自己的产品选好消费对象，找准客户群。然后针对不同的顾客，提供不同的产品，并制定不同的销售策略。有的顾客看重的是产品的实用价值，有的顾客看重的是产品的价格是否低廉，有的顾客看重的是产品的档次和品位，有的顾客则是看重产品的服务。针对不同的消费心理，采用不同的销售方法，就会带来不同的销售结果。

【案例现场】

在一家专门销售地毯的商场，有两个柜台销售员，她们每个月的销售量差别很大。老板见她们工作都很认真，对待顾客也都很热情，但不知道销售量为什么有那么大的差距。于是，他悄悄地在柜台里装了一个摄像头，然后坐在办公室里仔细观察柜台发生的一切情况。

下午时，有一个顾客走进来，那个销货量低的售货员急忙热情地迎上去。顾客指着一块图案新颖别致、质量上乘的地毯，询问她价格，她微笑着脱口而出："每平方米十八元八角。"

"真贵啊！"顾客面露失望，遗憾地走了。

过了一会儿，又有一位顾客走了进来，另一个销售员热情地迎了上去。顾客向她询问同一块地毯的价格，她并没有立刻回答，而是问顾客："不好意思，请问您要铺地毯的房间面积有多大？"

顾客疑惑地回答："大约十平方米。"

那个销售员略作沉思，不急不缓地答道："在您的房间里铺上这块美丽的地毯，只需要每天花费一角钱。"

顾客听了无比惊讶地反问道："每天一角钱？"

"是的，一角钱。您的房间有十平方米，每平方米十八元八角，我们这地毯质量优良，每块地毯可使用五年，一年三百六十五天，您每天只需花费一角钱，就可以享受到美妙的生活了。"顾客听了非常高兴，欣然买下这块地毯，高兴地走了。

老板看后，恍然大悟，顿时明白了两位销售员的差异在哪里了。他立刻针对那个销售量低的售货员，重新进行了了解顾客心理的培训。果然，那位销售员的地毯销售业绩也获得了大幅增长。

企业了解顾客消费心理，并不是一件容易的事情。它不仅要求企业要有敏感的信息系统，还需要企业根据产品消费对象的不同，对员工进行顾客心理分析的专业培训，让员工从顾客的角度去理解把握产品。

不同的顾客，对产品的关注点也不同。例如，年轻人可能关注产品的外形、样式，中年人可能关注产品的实用性，老年人可能关注产品的价格。在企业销售产品过程中，只有知道顾客需要什么，才能有针对性地突出宣传产品的那些特点，就如上面案例中的地毯销售一样，相同的产品，相同的价格，由于销售的方式不同，结果也不同。第二个销售员满足了顾客追求物美价廉的心理需求，所以最后促成了销售。

同时，顾客的需求心理也会有主次之分。对于同一件产品，可能第一需求的不同，会决定最终买或者不买。有些顾客，质量为第一需求，有些顾客则是价格优先考虑。所以，企业在推销产品时，既要把顾客当朋友，又要为顾客当消费顾问。

【试说新语】

企业要把顾客当恋人，用产品的魅力吸引顾客；要为顾客充当消费顾问，从顾客的角度去分析产品可能带来的生活影响；要与顾客互动，打动顾客的心，消除他们对产品的疑虑。总之，企业不仅要推销产品，更要赢得顾客对产品的信任。

贤人指路 我们所需的百分之八十，来自我们所做的百分之二十。

——理查德·科克

策略19

栽下梧桐树，引来金凤凰
——用品牌吸引顾客

品牌是消费的路标，它会把顾客吸引到产品身边来，并促成顾客的最终购买。一个产品的品牌，就是产品的身份证，好品牌是好产品的象征，对顾客有着磁铁一样的吸引力，就像梧桐树对金凤凰有无穷的吸引力一样。经历经济危机淬火的品牌，在经济复苏的大潮中，独立潮头，更能焕发出熠熠的生机。所以，抓住品牌优势，实时跟进产品，是企业把握时机、振兴腾飞的一招妙棋。

【植物精灵】

凤凰是百鸟之王，非梧桐树不栖。《诗经》中记载："凤凰鸣矣，于彼高冈。梧桐生矣，于彼朝阳。"

相传远古的时候，有一个美丽的姑娘叫月落，她深爱着一个叫朝阳的青年。这件事被天上的神仙知道了，觉得他们的行为有违天条，就要用法术破坏他们的姻缘。他让月落和朝阳的晨昏颠倒，月落那里是白天，朝阳的世界就是黑夜，使两人无法见面。后来，神仙的诡计被月落识破，她终于见到了朝阳，向其表达了深深的思念之情。神仙不甘心自己的失败，就趁月落睡熟之际，将绵延千里的高山横亘在她和朝阳之间，使他们从此相隔千里，无法相聚。

月落醒来后，发现已与朝阳相隔千里，便茶饭不思，昼夜啼哭；而朝阳醒来后，也是愁眉不展，整日蒙头大睡。他们两人的感情打动了月老，月老就把哭泣的月落变成了一只金凤凰，把沉睡的朝阳变成了一棵巨大的梧桐树。并托梦给月落，告诉她只要找到梧桐树，那就是找到了自己的心上人朝阳；还托梦给朝阳，告诉他早晨从太阳升起的方向飞来的凤凰，就是自己心爱的姑娘月落。从此，金凤凰月落飞越千山万水，到处去寻找梧桐树，而梧桐树也日日等待自己的心上人到来。

如果顾客是金凤凰，企业产品的品牌就是梧桐树。从品牌对消费者的吸引和对销售的带动来看，品牌就像一个磁场，是一种拉动销售的消费文化符号。同时，品牌具有辐射力和穿透力，能够让顾客对产品产生依赖效应，进而引发消费依赖。

每个企业都希望建立自己的个性品牌，可是有很多企业的品牌却无法促进产品的销售，究其原因，就是品牌与终端之间的管道没有彻底打通，品牌的影响力还不足以唤起顾客对产品产生足够的消费欲望。同时，同类产品的同质化，也加大了顾客通过品牌提升产品知名度的难度，这就要求企业必须花费更大的力气进行品牌的个性化建设，以及增大品牌对产品个性特征的拉动力。

【案例现场】

OLAY是世界知名的护肤品品牌，在世界各地有众多的拥护者和使用者。20世纪80年代，随着宝洁公司全面进军中国大陆地区，OLAY也搭乘便车，进入了这个市场。

OLAY在中国大陆地区的销售，同样走的是品牌拉动销售策略。它通过使用大量的电视报纸等传媒广告，塑造OLAY的品牌形象，直到其家喻户晓。这时，OLAY才建立自己的销售管道，进行全面铺货。当产品被送到顾客面前时，立即引起了众多女性的追捧，成为护肤品的首选。初进大陆，OLAY就获得了全面的成功。

综观OLAY的品牌传播过程，你就会发现其独特之处就在于其品牌与产品的完美结合。它重点突出产品对于皮肤的修复作用，以及产品设计中的女性化的色调和香味，让人一想起OLAY，脑海中就会浮现活色生香的女性形象，进而吸引女性的注意力，唤起女性想立即拥有的愿望。所以，当OLAY产品真的来到眼前时，女性强烈的购买欲望就会被激发出来，同时又被它的质量所折服，随之产生品牌依赖的心理。爱屋及乌，后来OLAY推出的相关产品，同样受到了广大女性的青睐。

如今，OLAY已经成为世界上最大、最著名、最成功的护肤品品牌之一，全球销售额早已突破10亿美元，开创了品牌和产品一体化的护肤品销售先河。

OLAY品牌塑造和产品销售的成功，说明对于企业新开辟的市场，品牌先行不失为一个比较好的办法。也就是先用品牌联络顾客的感情，让顾客先接受品牌，一旦顾客熟知品牌，并对品牌所代表的产品产生信任，那就为产品顺利进入销售阶段，打下了一个比较好的基础，同时也表明了品牌与终端之间的通道已经打通。

企业打造品牌的目的就是推动产品的终端销售，所以企业在打造品牌时，就要围绕核心目的，吸引顾客通过品牌关注产品，在最短的时间内，把顾客拉到产品销售的终端。剩下的工作，就是产品销售人员所要做的了。

品牌吸引顾客的优势在于，先入为主地为顾客提供产品选择指导，在不知不觉中让顾客放弃对其他同类产品的选择，同时让顾客对品牌传递的产品信息更加信赖，也更满足顾客追求消费安全的心理。

【试说新语】

经济复苏，市场有大量的空白需要填充，企业的品牌建设，也就显得格外重要。不同的发展阶段，企业应该有不同的品牌建设策略。以品牌带动产品的贩卖式推广，以产品功能介绍为主的宣传式品牌推广，以产品的文化价值为手段的熏染式品牌推广，其目的都是为了让顾客经由记住品牌而选择产品，把顾客拉到产品销售的终端，进而购买产品，并对产品产生依赖性。只有如此，才能发挥品牌吸引顾客的真正价值。

贤人指路 在我的哲学辞典里，手段和目的是可以互换的词汇。

——安迪·格罗夫

策略20

含羞草低头

——敏感的信息策略

在企业与顾客的关系中，双方所掌握的信息是不对称的。对企业来说，敏感的信息策略有着非常重要的意义。企业对顾客的信息了解，不仅包括顾客本身的信息，还包括顾客对企业自身产品所掌握的信息。后一点在产品销售以及顾客忠诚度培养上，同样有着不可忽视的作用。企业在建立完善灵敏的信息策略时，不妨拜植物中对信息反应最灵敏的含羞草为师，充分提高获取市场客户信息的灵敏度。

【植物精灵】

有一种草，只要轻轻触碰一下，它的叶子会立刻紧闭，并垂向地面，即使一阵小风吹过，也会出现这样的情形。它像一个因为害羞而低下头的少女，因此人们为它取了一个贴切形象的名字——含羞草。

传说唐朝大名鼎鼎的美人杨玉环初入皇宫时，因见不到君王而整日愁眉不展。有一天，宫女们怕她愁坏了身子，就拉她到皇宫后花园里去赏花解闷，她无意中碰到了一棵不知名的小草，小草的叶子立即合拢，低垂下去。宫女们一见非常惊讶，纷纷夸奖杨玉环漂亮无比，让花草都感到自惭形秽，不敢抬不起头来。这事很快在皇宫中传开，唐明皇听说宫中有个"羞花的美人"，立即传旨召见，一见果然非常貌美，深深地爱上了她，自此演绎了一段千古绝唱"长恨歌"。从此以后，杨贵妃就得了个"羞花"的雅号。其实杨玉环碰到的花草，就是含羞草。

含羞草对外来信息反应非常灵敏，这一特性使它获得了很好的自我保护。由于合拢低垂的叶子从表面看好像已经失去了生机，这就大大减少了动物昆虫们对其叶子进行蚕食的可能性，降低了生存风险。企业要想在变化莫测的市场中生存下去，也必须像含羞草一样，始终保持灵敏的触觉，时刻接收来自市场和顾客各式各样的信息，以便为自己的决策提供科学合理的依据。

在市场完全开放的经济社会中，企业和顾客彼此了解的信息并不对等。多数情况下，消费者在生活中需要购买的商品种类实在太多，不可能仅仅通过一次市场交易行为就会了解产品包含的所有信息。因此，这种情况下，顾客可能会对企业产品产生一种隔阂。为此，企业的信息策略，不仅要收集了解有关顾客的需求情况，还要把自己的企业和产品的相关信息传达给顾客，使双方形成良性互动，加强沟通，增进彼此的信任。这样，顾客对企业和产品有深入的了解，进而认可接纳产品，企业也就达到了销售产品的目的。

【案例现场】

美国有两兄弟，在经济危机过后，来到一个小镇，共同开了一家杂货铺，并以此谋生。由于对当地的风土人情和人们的性格特点缺乏了解，对商品的价格规定得很死板，没有留出讨价还价的空间，所以他们的生意一直不好。

后来，他们通过调查了解，发现当地人购买商品时都有想便宜一些的心理，定价一美元的东西，他们怎么也得让商家出让10美分、20美分，才肯购买。针对这一消费心理，兄弟两人想出了一个招数：哥哥躲在屋中不露面，弟弟在外照看生意。当有顾客进来挑选商品、询问价格的时候，弟弟就装作不知道商品的价格，向屋中的哥哥询问。例如，顾客问一双雨靴的售价，弟弟就会大声喊："Ｂ型男士雨靴多少钱一双？"哥哥就会回答："26美元。"弟弟故意装作听错，对顾客说："22美元。"顾客听了哥哥报价，又听到弟弟的卖价，以为得了便宜，立即拿起雨靴，付钱走人。

其实顾客怎会知道，那双雨靴的售价就是22美元。

在这个案例里，商家与顾客的信息资源始终处于不对等的状态中。开始时，兄弟两人掌握的信息少，主动权在顾客一方，所以买卖并不好；后来兄弟两人掌握了更多的信息，而且使用了一些策略对自身的产品信息进行了隐瞒，同时利用顾客的低价消费心理，进而促进了销售。这种信息策略，在现实的企业产品销售中并不鲜见。但这一策略的副作用也十分明显，利用信息不对称来欺骗顾客，对于企业品牌建设不利。

品牌建设是个长期的工程，容不得一丝的破坏。俗话说，"好事不出门，恶事传千里"，一个企业建立起好的信誉很难，破坏掉好的信誉只需一夜的工夫。信息越不对称，品牌在产品销售中的作用越突出。因为顾客在购买企业产品时，由于对产品的很多具体信息不是太了解，缺乏对产品的信任，因此会选择那些比较熟悉的品牌产品，认为这样的品牌产品比较安全可靠一些。这种由理性消费到非理性消费的过渡，其中的不可信因素被品牌消化殆尽。因此，企业在处理与顾客的关系上，培育一个具有较高知名度、美誉度和忠诚度的品牌，是获得顾客信赖、保证企业产品销量的一个重要策略。

【试说新语】

企业在赢得客户信任方面，要尽量做到信息对称，这样才能建立牢固的持久的关系。为此企业要加强市场调查的能力，找到顾客尚未被满足的需求缺口，为自己进入市场、与顾客步调一致，找到切入点。同时，要实时全面地对顾客进行信息告知，让顾客全面了解产品性能、优缺点、价格和服务，清楚产品是否适合自己，什么时机购买比较合适，如何进行售后服务等。

贤人指路 我们生就一条舌头和两只耳朵，以便我们听得多些，说得少些。

——芝诺

榴梿闻着臭吃着香

——用特色赢得青睐

　　所谓产品特色就是产品有别于其他同类产品之处，就是人无我有，以此来满足顾客的需求。经济危机过去，顾客的消费需求会突然增加，无论是生活需求和心理需求，都会呈现多样化的趋势。企业应该抓住这个时机，打造出自己的特色产品和特色服务，像植物中的榴梿一样，用特色打动顾客，满足顾客的个性需求，才能在经济复苏的大潮中超前发展。

【植物精灵】

　　榴梿，俗称金枕头，有热带果王的美称。榴梿营养丰富，广东人称"一只榴梿三只鸡"。它会散发一种类似臭豆腐混合洋葱的味道，还夹杂着一种松节油似的芳香，这种异味，令许多人闻之却步。但是，只要你尝过第一口后，就会被它果肉特殊的滋味所吸引，难以忘怀甚至上瘾，真是又臭又香又好吃。泰国有一句名言："榴梿出，纱笼脱。"意思是榴梿熟了，姑娘们哪怕把裙子卖了，也要吃上一次榴梿。

　　传说榴梿是由郑和带到中国的，明朝郑和率船队下西洋，由于海上漂泊时间太久了，食物和淡水缺乏，又饥又饿，船员们非常想家，归心似箭。这时，他们在岸边发现了一堆奇异的果子，臭不可闻，令人恶心。有的船员实在是饥渴难耐，便忍着恶臭，把果肉吃到嘴里，结果却香甜可口。别的同伴看他吃得又香又甜的样子，纷纷一哄而上，争相抢食，结果如饮琼浆，如食甘饴，竟然把想家的念头都忘了。

　　有人问郑和："这是什么奇珍异果，为何如此好吃？"郑和随口答道：

"流连。"于是，他们把种子带回了家乡。从此，中国也有了这种水果，人们叫它榴梿。

榴梿用自己又臭又香又好吃的独特魅力征服了食客，企业也应该打造自己的特色产品和特色服务，赢得顾客的青睐。特色就是差异，有差异才能有别于同类，才能满足顾客的特殊消费需求。差异就是个性，有个性才能让顾客鉴别，让顾客记住，并流连忘返。好的产品，好的企业，往往都个性鲜明，在顾客心中有着独特的魅力和独特的印象。顾客一有需求，就会立刻想到这些企业和这些产品。

世界上成功的企业，无不在打造自己鲜明的个性和特色产品上，下足了功夫。众多有特色的品牌，比如可口可乐、百事可乐、戴尔、SONY等总能让顾客一眼就从令人目不暇接的商品中认出来，这就是特色的魅力、品牌的魔力。

【案例现场】

苹果公司前CEO乔布斯，经常会有惊人之举，同行们常被搅得心神不宁。2008年6月，他向全世界发布新一代3G版iPhone，零售价只有199美元，绝不反悔。这款独具特色的手机，最主要的特色是支持3G网络，内置GPS导航系统模块，能够收发邮件，处理各种文书档案，软件上增加了很多新的功能。乔布斯自己曾骄傲地宣称："这个电话将颠覆电话界。"具有如此先进功能的iPhone手机，全球统一售价却只有区区的199美元，别忘了，它的制造成本高达237.43美元。难道是乔布斯疯了？他为什么要赔本销售呢？难道仅仅是为了吸引人们的目光？

一个商业天才，当然不会做傻事。原来，凭借产品的独一无二，乔布斯与著名的通信运营商AT&T，早已密谋好利润瓜分模式，为了补偿苹果为拓展用户所造成的销售硬件的巨大损失，AT&T将给每部3G版iPhone新手机最多高达499美元的补贴，每个购买使用3G版iPhone新手机的客户，也要与AT&T签订两年的契约，以便确保AT&T在竞争性极强的通信世界中捷足先登，获得足够的利润空间。这是一个三赢的策略，无论是硬件制造商苹果，还是系统服务商AT&T，都将从中获利，而顾客又能用最低廉的价格享受到新功能带来的快乐。这就是乔布斯，不仅在产品上勇于颠覆传统，而且在雷打不动的商业游戏规则上，也敢于挑战传统，重拳出击。

乔布斯用特色产品加特色营销，为苹果的新产品打开了销售推广的新渠道，迅速占领了3 G移动通信的硬件市场。这是一次天才的营销，把产品的特色与销售的特色完美地结合在了一起，通过对产品资源的垄断，把顾客源源不断地带到了企业产品的终端。没有人能抵挡住这"香甜榴梿的诱惑"，谁不想先用为快呢？功能强大，价格低廉，独一无二，这些已经足够了，足以诱惑消费者主动掏出腰包里的钞票，来享受这又臭又香又好吃的"人间珍品"。就这样，苹果又一次通过特色产品和营销赢在了起跑线上。

特色产品的最大优势，就在于它能够提供其他竞争者无法提供的消费需求满足，而且这种特色能够引导顾客找到产品的终端，进而赢得顾客信任而令顾客别无选择地购买、使用产品，并对产品品牌产生足够的依赖心理。

【试说新语】

经济复苏，所有的企业都雄心勃勃、跃跃欲试。但要想使自己的企业脱颖而出，就必须打造自己的特色产品和特色服务。企业打造自己的特色，可以在产品的功能、品牌、包装、价格、服务等方面着手，即便不能全方位做到有特色，起码要有一两个独特的地方。把这些独特的方面大力彰显，使之突出，就形成了自己的竞争力。

贤人指路 人只有献身社会，才能找出那实际上是短暂而有风险的生命的意义。

——爱因斯坦

策略22

板蓝根浑身都是宝
——服务抓牢人心

【植物精灵】

明朝末年，北方暴发大规模瘟疫。有一位老婆婆夜里梦见一个提着小篮子的年轻姑娘，她叮嘱老婆婆把篮子中的大青叶连根带叶煮水给乡亲们喝，就能消除瘟疫。老婆婆醒来后，立刻召集乡亲们到野外去挖大青叶煮水喝，果然瘟疫得到了控制。

大青叶到处生长，生命力很强，它的根叫板蓝根，能预防并治疗流感、乙脑等多种病症。板蓝根浑身上下都是宝，深得人们喜爱。

对于一个在危急中存活下来的企业来说，趁着市场复苏的春风，也应该像板蓝根那样，把自己浑身上下都变成宝。那么，企业的宝贝是什么呢？那就是优质的产品和优越的服务。

企业发展的动力，就是不停地为消费者研制开发生产出各种优质的产品和提供各种优越的服务，以此来满足消费者不断提高的消费需求。

"如果没有优质的产品，那就提供优质的服务吧！"一个小商贩说出的这句话不无道理。

【案例现场】

因为几乎无利可图，许多商家都不愿经营针头线脑这些日常小商品。然而美国商人霍华斯却用自己独特优质的服务，在日常小商品这一毫不起眼芜的领域，获得了巨大的成功，创造了巨额财富。他成功的秘诀很简单，做没有人愿意做，而顾客又需要的买卖。他首先收购一些小型杂货店积压滞销的各种小商品，如手提包、袜子、衬衣、皮带、针线、纽扣等，不管多少进价，统一标价5～10美分上架销售。接着他把店铺开设在客流量大的地区，方便顾客购买。同时他采用连锁经营的方式，利用规模优势，进一步降低成本。他创造的这种不同寻常的营销方式——连锁经营，由于服务方式新颖，获得了成功。从1879年创立第一个小店铺，到1930年在全球拥有1380家分店的国际性商业大企业，霍华斯只用了50年的时间。

由此可见，不管什么商品，只要能以自己独特的服务来满足消费者多层次的需求，虽看似无利可图，也会得到丰厚的回报。而成功的关键就在于企业要会点石成金，化腐朽为神奇，找到提供优越服务的途径和方式。

【案例现场】

服务行业中，许多企业的成功都是靠创新服务方式，为顾客提供更优越的服务来取得的。阿德里安·戴尔西、拉里·希尔布卢姆和罗伯特·林恩三个美国人，经过长期观察发现，普通信件包裹的传递速度和服务质量已经远远不能适应当代经济活动的需求和人们生活日益变化的需要，于是决定想办法解决这个问题。他们以三个人姓氏的首字母命名，组建了DHL快递公司，打算用快递的方式，满足市场对传递业务的新需求。他们最初的方式，是把美国西海岸海运公司的发货单据等重要材料，通过飞机专程送往太平洋中夏威夷岛的接货地点，以便简化海运公司所需要的各种手续。这使得货船到港后，能迅速卸货、交货，并实时装上新货物返航，由此，船运公司可节省大量的港口费用。这种服务方式一经推出，立即受到了运输公司和个体经营者的欢迎，从此，他们创造了一个新的快递业务，开辟了一个新的服务市场。

用优质的产品满足市场的需求，进而促进自己的发展，这样的例子不胜枚举。但是，并非只要产品在设计、工艺、售后服务上与众不同，领先一步，优于其他，就能很快地在市场上占有一席之地，事情远没有那么简单。在激烈的市场竞争中，商品买卖的成功，往往是一个惊险的跳跃，不仅要具备好的质量、好的条件、好的环境，还需要恰当的时机。人人都知道SONY

电器在当今世界电器市场上地位首屈一指，但很少有人知道SONY当年开拓市场时遇到的艰辛和困难。为了将SONY电器产品打入美国市场，盛田昭夫痛下决心，千里迢迢举家迁往美国。他特地选择居住在美国贵族区，以便体验美国贵族的消费心理和生活习惯。这样做的目的就是为了使SONY公司的形象和产品的特性能更符合美国贵族家庭需求。对于企业来说，新产品研制生产成功，并不等于已经变成企业满足顾客需求的利器，它只是预示着一个潜在的市场可能存在，要想把这个潜在的市场开拓出来，成为企业新的领地，还需要强有力的推广和营销。

就算企业的新产品一推出就能满足顾客需求，也并不意味着企业从此就可以坐享其成、高枕无忧，只等大把的钞票飞进自己的腰包。

首先，顾客能否全面了解这个新产品是个未知数。

其次，就算顾客对产品了如指掌，也不等于顾客就会欣然接受这个新产品。而且，就算顾客已经接受了这个新产品，但顾客的忠诚度如何也不得而知，如果只是昙花一现，生命期非常短暂，同样也意味着失败。

一个产品在市场中生命周期的长短，很大程度上取决于这个产品的潜在价值，如果潜在价值被挖掘殆尽，没有创新提升的空间，没有后劲，那么它就算红极一时，也会很快衰亡陨落。

【试说新语】

为顾客提供优越的产品和服务，是一个综合的系统工程。企业必须为此设计好每一个环节，选择好时机，扎实走好每一步。从产品设想，到技术研制开发，到规模生产，到市场营销，到售后服务，都要做到精益求精，同时把握住顾客的需求脉搏，投其所需。唯有如此，才能使产品和服务在市场扎下根，并发展壮大，成为企业生存的源泉，就像板蓝根一样，焕发出强大的生命力。

> **贤人指路** 卖给一个客户他自己想要的东西，比让他买你的东西容易很多。
>
> ——佚名

向强者看齐

IBM：卖智力还是卖能力

有人说，领先一步是创新，领先两步是革命。那么，领先三步呢？人们能确定IBM所倡导的"智慧的地球"是理想还是一种幻想？作为一个硬件商出身的企业，IBM一直在进行着三级跳，从硬件到软件，再到服务，直到现在的创造新世界，IBM的大胆和创新，展示的是一种智力还是一种能力？

先来看看IBM的"智慧的地球"的本质。"智慧的地球"建立在智慧城市的基础之上，就是对城市的公共服务、交通、能源、电力、供水等社会系统进行智能化改造，使城市管理现代化，减轻城市管理的巨大压力，并让城市人们的生活得到极大改善。在此基础上建立起来的智慧地球，其实就是智慧城市的放大版，只是把地球当成了一个城市来管理，通过每个国家智慧的电力、智慧的交通、智慧的能源、智慧的教育、智慧的医疗等智慧建设，使地球上每个国家的管理都转变成智慧管理。这表面上看是IBM超人的智慧，但本质上是其一种商业能力的集中体现。

"智慧的地球"里，必然隐含着巨大的政府和社会投资；智慧化的过程，也潜藏着巨大的商机。因为IBM有这方面的优势和实力，无论是软件还是系统，IBM都会因为自己提出的这一宏伟理想而获益匪浅。那么，IBM将会在"智慧的地球"里如何一展身手呢？过去几年，IBM的转型主要集中在提供服务、解决方案和服务软件上，它80%的营业额和90%的利润，还是依赖软件和服务来获得。但是IBM却认为，传统的硬件、软件、服务，单纯哪一项都无法抵挡市场众多的竞争者一浪高过一浪的进攻，只有三剑合璧，走硬件、软件、服务一体化的道路，将智力转化成无人可比的能力，才有可能在激烈的市场竞争中争得一席之地。现在IBM业务已经转型为全球技术服务、全球商业服务、系统和技术支持，以及全球金融服务等业务上来，真正实现了由卖智力到卖能力的实质性转型。

通过硬件、软件、服务三位一体的整体发展策略，IBM逐渐形成了自己独特的能力优势和竞争实力。仅以2008年为例，IBM的营业收入为1036亿美元，比上一年微增不到5%，但利润却高达123亿美元，比上一年增长18%，毛利润高达24%，这应该算是一个奇迹。

在"智慧的地球"中，IBM的另一个野心是开发新的芯片。道理很简单，智能的地球所有的系统必须依赖于强大的计算机能力，控制了芯片，实际就是控制了"智慧的地球"的心脏。到那时，"智慧的地球"必将在IBM的驱动下，才得以正常运转。从这一隐含的目的，可以看出IBM不同凡响的策略眼光。

"智能的地球"必将面临庞大的数据处理需求和分析需求。IBM为此有自己的应对措施，它推出了流计算软件，利用新的流构架和突破性的运算法则，对任何来源的数据，都能够进行前瞻性分析，以此来适应"智慧的地球"艰巨的数据处理和分析需求。

从卖智力到卖能力，这是一次革命，也是一次冒险。IBM能否真正建立起智慧地球的王国？这需要时间，一步一步来。

第五章　有些花草要帮扶

——管理要跟上

藤萝也有凌云志

——让员工学会服从

"无条件服从"是沃尔玛集团每一个员工必须严格遵守的原则，他们的日常工作和行为，不能违背这一原则，否则就会受到惩处。这是硬性规定，不能有任何借口和理由推脱逃避，哪怕这借口和理由看起来非常合理，甚至事后验证是正确和有益的，也不能凭此理由拒绝执行。这就像藤萝一样，即使想攀入云天，也必须要服从它依附的树干的方向。

【植物精灵】

藤萝本来是匍匐在地、到处攀缘的植物。有一天，它看到小鸟在天上飞，白云在天上飘，心中便充满了羡慕之情："要是能像大树一样站起身来，就能看见远方的风景了，那是一件多么美妙的事情啊！"忽然，它看到不远处傲然挺立的大树，心里有了主意，它慢慢爬到大树身边，开始好言恭维大树，表达了自己想借大树的肩膀，到高处去看一看远处风景的心愿。藤萝说，它一辈子看到的景色都没有超过三十米。大树听了它的诉苦，对它充满了同情，就答应了。

藤萝很快爬到了树顶，看到了远方美丽的景色，心中万分高兴。可是没有几天，它就觉得身体非常难受。原来，它发现趴在树上失去了自由，再也不能任意四处走动了。藤萝有些后悔，就回到地面。可是到了地面才发现，这里都已被各种植物所覆盖，根本无法沐浴到阳光，自己的生命陷入了危机。这时，大树不计前嫌，向它伸出了援助之手。藤萝这时才明白，只有服从大树的方向，自己才能沐浴雨露和阳光，获得成长。

藤萝依附大树，从而找到了生命的契机。员工与企业的关系，就有点像藤萝和大树，个人只有凭借或依靠集体或团队的力量，才能成就个人的辉煌。而对于企业来说，服从是企业管理的原则，也是企业存在的基础。对企业来说，没有服从，一切都无从谈起。一个具有卓越执行力的企业，一定是建立在意志统一、绝对服从、令行禁止的基础上；一个优秀的员工，一定要具有服从的意识，积极服从，主动服从。二者之间互为因果，相辅相成，相得益彰。企业的整体利益不允许员工我行我素、抗令不遵，员工的个人利益也只有服从企业的利益才得以实现。

企业管理中，如果下属员工不能无条件执行上司交代的工作和任务，那么就会阻碍工作目标的实现。所谓员工个人的创造性、主观能动性，都是服从上司安排的任务，为完成任务而发挥的个人能力。如果上司的命令得不到贯彻执行，那么企业再好的策略思路、经营方针，也落不到实处，转化不成效益。

【案例现场】

有一个生产宠物饲料的小公司，专门为各大城市宠物店供应宠物饲料，由于公司经营方针灵活，虽然规模不大，但效益还可以，订单足够维持公司的正常运转了。但某次意外，差点断送了公司的前程。

那天，一个客户预订了一百箱猫饲料罐头，但要求用狗饲料罐头盒进行包装，而且还送来了这家公司曾用过的狗饲料罐头盒的样品。老板按顾客要求安排下去，并一再叮嘱不能弄错，但产品发出不久就被客户退了回来，并要求公司承担其损失赔偿。老板很纳闷，急忙打开包装箱，这时他才恍然大悟，原来发出的货品还是用猫饲料罐头盒包装的。老板恼怒异常，立刻把当时值班工长叫来弄清其中的原委。

原来，值班工长认为肯定是老板听错了，误会了顾客的要求，猫饲料怎能装在狗饲料罐头盒中呢？但自己又不好意思和老板争辩，于是就自作主张，习惯性地用了猫饲料的罐头盒。他哪里知道，顾客之所以这样要求，是因为这个顾客养了很多猫和狗，但猫不知怎么都养成了一个习惯，饲料不装在狗饲料的罐头盒里就不吃，而且也不吃狗的饲料，顾客只好每次用狗吃完的罐头盒来装猫饲料喂猫。后来感觉这样太麻烦了，于是就向这家公司定做一批特殊的"狗"饲料。

这次违约，让这家小公司损失惨重，不仅是经济上受损，而且信誉大打折扣，失去了很多客户的信任。后来公司花费了很大工夫，才重新树立起原来的形象。

从这个小故事可以看出，员工根据自己的感觉去判断正误，有时并不准确。因为他所处的地位、所站的角度、所掌握的信息、对命令意图的理解等，都有可能导致判断失误。员工作为企业的一员，无论是日常小事，还是决策大事，都应服从上司的安排，就算自己的才华比上司还高，就算自己的头脑比上司聪明百倍，也要按照上司的命令去执行。因为上司所处的位置更高，责任更重，他的决策往往是和整个企业保持一致的，所以必须无条件执行。否则员工都按自己的标准去进行判断、去行事，那就会有令不行，企业就会失去作为集体的巨大威力，不仅企业一败涂地，员工也会一事无成。

【试说新语】

只有员工从日常行为做起，自觉服从，主动服从，才能更好地贯彻执行企业的各项命令，使企业的大政方针落到实处。这样不仅节约管理成本，发挥企业团队的整体作用，还能打造企业超强的执行力，保证企业的经营顺利进行。唯其如此，企业实现经营目标，获得丰厚利润，才能成为水到渠成的事情。

贤人指路 在正义占统治地位的地方，自由就是服从。

——詹·蒙哥马利

策略24

葵花朵朵向太阳
——培养员工的忠诚度

"如果你是忠诚的，你就会成功。"一位美国成功人士曾无限感慨地说。没错，忠诚就是企业和员工不二的选择。有一位社会学家，经过多年对众多成功人士的追踪研究后发现，决定一个人事业成功的诸多因素中，知识水平和工作能力仅占20%，专业技能占40%，态度占40%，而忠诚达到100%。也就是说，每一位成功的人士，都是以忠诚为前提的，没有忠诚，即使有再高的知识水平、工作能力，也无法获得成功。所以，只有忠诚的员工，才是企业真正需要、真正能发挥作用的员工。

【植物精灵】

向日葵生长前期的幼株顶端和中期的幼嫩花盘，会跟随着太阳，早晨向东弯曲，中午直立抬头，下午面朝西方，夜晚再直立扭头向东。葵花周而复始，围绕太阳转动，因而获得了"向阳花"的美誉。

在古希腊神话中，克丽泰是一位美丽的湖泊仙女，有一天，她在森林里见到了正在狩猎的太阳神阿波罗，为其英俊的容貌所打动，并爱到了如痴如醉的地步。可是阿波罗并没有对她动心，连正眼都没看她一眼就面无表情地离开了。从此，克丽泰陷入了痛苦的思念之中，她热切盼望阿波罗能与她说说知心话，可是她再也没有遇到过阿波罗，只能每天注视着天空，远远地看着阿波罗赶着金马车从天空缓缓而过。克丽泰目不转睛地盯着天上的太阳，日复一日。就这样，她追逐着日出日落，目光呆滞，头发散乱，生活陷入了无穷的烦恼之中。她的深情感动了众神，众神施法把她变成了一株金黄色的向日葵，脸庞永远向着太阳，诉说着她心中无限的爱恋和相思之苦。

一个企业，只有员工具有较高的忠诚度，才能团结一心，共同完成企业的各项经营目标任务。对于企业来说，员工的忠诚度无疑是根基；对员工来说，忠诚是好员工的最佳标准。如果缺乏对企业的忠诚，服从也就无从谈起，更不用说倾尽全力、努力工作了。

员工对企业缺乏忠诚，就会在工作中消极怠工，应付了事，工作的目的就是混薪酬，老板在就做做样子，老板不在就偷懒。这样的员工，不可能把工作做好。那些只是工作消极、敷衍了事的员工还不算恶劣，最恶劣的员工莫过于不仅不忠诚于企业，还要吃里爬外，成为企业的蛀虫。这种骑驴找马的寄居蟹式的员工，有时对企业的打击甚至是毁灭性的。

【案例现场】

一家大型机械配件公司，近年出现了固定大客户几乎全部丢失的现象，而新拓展的客户，做不了几单生意，又消失得无影无踪。因为这个原因，公司的营业额急速下滑，经济损失巨大，很快就出现了严重的亏损。公司人心浮动，陷入一片混乱之中。公司老板坐卧不安，通过多方缜密的调查，发现是自己的员工借公司的招牌和客源，借鸡生蛋做起了自己的买卖。

原来，公司所属的销售公司经理，在同一城市开了一家自己的机械配件公司，经营的配件产品和种类，与这家公司下属的销售公司完全相同，就连店铺门面和里面的装修也和销售公司完全一样。虽然这家公司由他哥哥管理经营，他很少出面，但每当有客户来公司委托采购产品或洽谈业务时，他都把客户介绍到自家哥哥的店中，并私下许诺降低价格或给予好处费等。更有甚者，他的名片都印有两套，给顾客发放名片时，会根据客户业务量的大小、采购数量多少、重要程度等发放不同的名片。两套名片，不仅格式、文字、材料、印刷完全相同，甚至名字、电话号码也相同，只是地址不同，一张印着销售公司的地址，一张印有他哥哥公司的地址。

通过这种明修栈道、暗度陈仓的运作，不到两年，他就把销售公司的客户，几乎全部拉到了他哥哥的公司。这家公司不得不开除了这名销售经理，并诉诸法律手段，但由于证据不足，最后并未挽回多少损失，只能不了了之。

从这个严酷的故事可以看出，员工的忠诚度不仅关系到企业执行力问题，还是事关企业生死的大问题。忠诚于企业，不仅要做到心无旁骛、专心工作，更要做到同心同德，无私欲和贪心。只有培养出这样的员工队伍，企业才能成为驰骋市场的精锐之师，才能所向无敌，在经济复苏的浪潮中，站稳潮头。

托马斯·杰弗逊曾告诉我们："勇于行动且忠于职守的人，一定能够成功。"员工一旦养成忠诚于企业的信念，就会树立起强烈的服从意识，树立起良好的职业道德，增强责任感，敢挑重担，勇于负责；还能在工作中大胆创新，发挥出自己的能力和水平，为企业完成各项经营目标打下坚实的基础。

【试说新语】

员工的忠诚度，不仅决定了企业执行力的大小，也决定企业效率的高低。员工的忠诚度越高，服从意识越强，企业的策略和政策就越能得到贯彻和执行。由此可见，忽略员工的忠诚度，忽略对员工服从意识的培养，会动摇企业强大的根基，导致无穷的祸患。

贤人指路 你若想证实你的坚贞，首先证实你的忠诚。

——弥尔顿

支起成排芸豆架

——制度是管理的保证

企业制度建设和规范化管理是相辅相成的，有制度无管理，制度就是一纸空文；有管理无制度，管理就是无根之木。制度赋予管理权力，使管理行使的权力合法化，管理是制度得以实施的保障。

【植物精灵】

芸豆属于蔓生植物，你要想有个好的收成，就要为芸豆支架。芸豆刚刚长出地面时，藤蔓是自由伸展的，一旦攀上了芸豆架，它的长势就会被固定，同时它也必须借助支架的力量和方向才能吸收阳光雨露，茁壮成长，开花结果，成就自己的一生。

相传，一个瘫痪在床的可爱女孩，整日向往外面的阳光和清风。一个憨厚的年轻人经常来照顾她，当知道女孩的心愿后，就背她到野外看风景。没想到，天空一道惊雷把年轻人化成了一根木桩，姑娘也不见了。随后，地下长出了一棵芸豆苗，很快爬满了木桩。每当月明星稀的夜晚，如果你趴到芸豆架下，就会听到芸豆沙沙细语，那是芸豆姑娘在对年轻人诉说衷情呢！

有了芸豆架，芸豆就能很好生长，企业有了制度，管理就会变得轻松和有效。制度一方面规范着员工的行为，另一方面又像杠杆一样不停地调整企业各方面的关系，使整个企业趋于平衡和稳定，保持一种长久持效的发展动力。

企业制度的建设意义，对每个员工的行为都有指引作用。这种指引根据不同的情况会采用不同的方式：有时是一种选择性指引，就是员工可以自己选择行为方式；有时制度是一种明确性的指引，员工必须根据制度指引来行动，不能做出违反制度的行为。

作为一种规范，制度必然具有判断、衡量员工行为的评价作用，通过制度的评价作用来判断某个员工的行为是合理还是违规。制度的惩戒和制裁，就是对受裁员工的一种教育，也是对其他员工的一种警诫。反过来，员工合理的行为及其后果也同样对其他员工的行为起到示范效果。依靠制度，企业可以预先估计、预测到员工相互间的行为，以及舆论的态度和企业管理机构对彼此行为的反应等。

【案例现场】

一家以"感动员工"、善于情境管理著称的公司，规模不大，员工不多，一方面对员工关怀备至，一方面又对员工执行制度要求非常严格。只要员工违犯了公司的规章制度和操作规程，不管是否造成损失，一律严惩。

公司有一名技术出众、工作勤恳的车床操作工，发现卸掉切割刀前的挡板，拿取零件方便快捷，能大大提高工作的效率，于是就自作主张，把切割刀前的防护挡板卸了下来。虽然这是公司安全制度所不允许的，但这样收取加工零件快捷得多，大大提高了工作效率。在中午休息之前，他就可以加工完大部分零件，超额完成当天的任务了。

这位车工很高兴，以为自己可以更高效地为公司工作。很不巧，他的这个做法很快被走进车间巡视的主管发现。主管勃然大怒，丝毫没有为他高效的工作所动，而是狠狠地痛斥他自作主张，私自破坏公司的安全措施，命令他立即将切割刀前的防护板装上，并且罚他一天的工作重做，深刻反省自己所犯错误的严重性。

第二天一上班，这位车工被叫到老板办公室，老板语重心长地说："身为公司老员工，不用我说，你应该比任何人都清楚安全对于公司意味着什么。今天你少加工了零件，少完成了任务，少实现了利润，公司可以换其他人其他时间把它补回来，可是你一旦发生事故，失去健康乃至生命，公司是永远补偿不起的。很遗憾，你不能继续在公司从事这项工作了。"

离开公司那天，这位车床操作工流下了懊悔的眼泪。

制度的巨大威力还在于它的强制作用，这种作用的对象虽然针对的是违反制度的员工，但对其他具有违反制度动机而尚未实施违反行为的员工，同样具有威慑作用。违反制度的员工很快受到惩罚和制裁，那么跟进违反制度的员工就会大大减少。一般来说，制度都是以员工自觉遵守为基础的，但强制也是必不可少的条件。制度的强制作用之所以必要，不单是为了制裁、惩罚违反制度的员工，更是为了预防违反制度行为的发生。它的预防作用远大于惩戒作用，目的就是增进员工的安全感、平等感，建立起稳定的企业运作秩序。

目前企业中，很多人认为制度就等于管理，认为有了制度就有了管理，而用制度代替管理，这是非常不全面的一种认识。制度只是提供了依据，员工是否按依据行事，不仅靠自觉，还需要安排、指导、落实、督促和检测。只有做到制度与管理并重，才能发挥出制度对管理的保障作用，促进企业经营的顺利进行。

【试说新语】

企业管理中，必须确保制度的贯彻落实，才能发挥制度的教育和规范作用，提高员工整体素质。员工只有服从制度，按照制度办事，才能确保完成企业交给的各项任务，出色完成各项工作，确保实现企业经营目标，长久发展。

> **贤人指路** 我认为，与制度结合的自由才是唯一的自由。自由不仅要和制度与道德并存，而且还须臾缺不了它们。
>
> ——伯克

策略26

芝麻开花节节高

——好的程序是成功的一半

　　企业最高效的经营，就是按照制度规范，依照程序流程做事。用制度规范自己的行为，严格按照程序流程进行经营管理，是提高企业经营管理效率的最有效办法。合理的程序不仅是企业经营所必需，就连植物生长也会把程序安排得恰到好处。例如人们常说，芝麻开花节节高，芝麻成长中合理的程序安排，就是为了保证自己有足够的养分开花结果，后来也用来比喻人们学业、职位、生意等日日有成、蒸蒸日上。

【植物精灵】

　　春天的时候，芝麻妈妈把她的孩子们一个个放在田野里就离开了，临行前对孩子们说："你们每长一岁，就在腰上挂一串铜铃，等你们身上挂满了铜铃，妈妈就会听到铜铃的响声，回来看你们。"孩子们相信了妈妈的话，努力成长，每长一岁，就挂一串铜铃，等到他们身上挂满了铜铃，也明白了妈妈的良苦用心。他们已经长大了，再也不用等妈妈回来了。

　　芝麻茎秆直立，接受光照面积很小，所以芝麻对花朵果实的养分供应，就采取了从下到上、按照顺序进行的方式，确保了每个花朵都能有足够的养分供应，保证果实的成熟。

　　芝麻按照自己进化来的合理程序，顺利成长；企业的发展，同样离不开科学合理的程序作保障。

　　科学的程序管理，一般包含三个方面的内容，即管理程序化、程序标准化和程序规范化。程序化就是遵循企业运行的客观规律，选择企业管理科学合理的路径、渠道、顺序、步骤、流程和计量，使之固定化和模式化。标准化就是建立统一的程序执行标准、统一的步骤和流程、统一的计量标准、统一的考核标准，按照统一的标准进行程序操作。规范化就是执行规范化，严格按标准执行程序。而规范化执行，正是为了克服执行中出现的人为破坏标准的现象，使程序管理协调一致，井然有序，确保执行的高效。

这三个方面缺一不可，只有标准化才有可能做到程序化，只有规范化，标准化才能发挥作用。有了管理程序化、程序标准化、执行程序规范化，企业的管理工作进行起来就会简便得多，就不会造成管理的混乱，科学高效就会成为现实。

【案例现场】

20世纪90年代末，海尔开始进入以"市场链"为纽带的业务流程再造模式。海尔的"市场链"业务流程再造，是把市场的利益调节机制引入企业内部流程管理之中。

企业原来的上下流程、上下工序、职位之间的业务关系等，均为单纯的行政机制，引入市场利益调节机制后，在集团宏观调控的基础上，把这些单纯的行政机制转变成为平等的买卖关系、契约关系和服务关系。通过这种转变，就把外部市场的订单，分解成企业内部一系列的子订单，形成了以外部市场订单为中心的内部子订单链，使前后工序、部门职位之间相互衔接咬合、自行调节运行，形成一个从初始点到市场客户的直通业务流程链。

这个流程转变的核心就是薪酬转变，每个流程、每道工序、每个员工的收入，均来自自己的服务市场和客户。服务认可，可以按契约索取报酬，服务不到位，对方可以按契约索取赔偿，当契约执行发生歧义和纠纷时，由第三方来裁决。

这个流程以外部客户订单为中心，依据订单，把完成订单立为流程终点目标，把完整的业务流程分解成一个个由不同的内部小订单串成的一系列内部流程订单链，经由履行一个个的内部订单，最终确保履行流程终端的外部客户订单的目标实现和完成。

流程之间的内部各环节，以小订单为依据，形成了一系列的市场契约链。各小订单环节，责任明确，目标明确，环环紧扣，以最快的速度和效率，最终完成客户订单的目标。

企业执行力大小，当然要看程序管理的科学与否。科学的程序管理，使企业的经营变得简单和省力，不需考虑怎么做，只需考虑怎么做好，员工也更容易集中精力，专心工作，发挥自己最大的能量。

科学的程序管理，与传统的产品质量管理相比，优势明显。传统的产品质量管理，把管理的对象放在了原材料、半成品和成品的监测和检查上，至于生产程序如何，并不关注，只要生产出合格的产品即可。而科学的程序管理，对象是程序的控制，要确保程序的合理，用程序的合理保证合格的结果。

【试说新语】

企业实行程序化管理，管理的对象就是工序，关注的重点就是工作的质量，重过程而轻结果。因为只要过程科学合理，结果必然能达到预设的要求，这就确保了产品质量的统一性和产品的高合格率。而且程序化管理便于员工操作，相对减少人为因素对产品质量带来的影响，使质量可控、结果可测。

> **贤人指路** 每件东西都有自己的位置，每件东西都应在自己的位置上。
>
> ——萨缪尔·史密斯

沙棘防护林

——发挥团队的力量

一个充满惰性的企业团队，会让整个企业死气沉沉。要凭借这样的团队带领企业在经济复苏中脱颖而出，也是一句空话。只有发挥每一个员工的才智，发挥企业团队集体的力量，才能使企业这艘巨轮，在市场的汪洋大海中乘风破浪，顺利前行。

【植物精灵】

古代有一个原始部落，人们不忍心杀掉那些疾病缠身、即将病死的老马，就将它们放逐到广袤的野外。可没过多久，那些老马又回到了人们的帐篷之外，每一匹马都变得强壮剽悍。人们感到奇怪，就跟随马群来到一片茂密的果林，看见马群以野果为生，随之马儿们疾病渐愈，身体也变得强壮。人们便称这种神奇的果实为圣果，也就是沙棘果。

沙棘虽然个体植株矮小，却成片成林生长，成为最好的环境防护植物。沙棘生长在贫瘠干旱的荒漠沙丘地区，能够保持水土，防风固沙，恢复被破坏掉的生物链，所以又被赞为环境保护的绿色长城。

沙棘靠集体的力量保护着自身生存的环境，而企业的成功则来自于企业团队的集体努力。团队意识的核心和精髓是服从与忠诚，只有团队各成员之间为了整体利益紧密团结，分工合作，才能形成强大的凝聚力和整体的战斗力，从而实现团队的目标。是团队就要强调整体性，团队意识的强弱，决定了团队战斗力的强弱。企业经营，是依靠团队集体力量完成的一个系统而完整的工作过程。

团队必须充分利用各种人力资源，用制度和程序完成人力资源的最佳整合，发挥整体优势，进而形成最大的合力，产生卓越的执行力。同时，企业的市场环境瞬息万变，团队必须根据环境的要求采取灵活动态的人力资源管理策略和战术，随时根据环境的变化进行策略和措施的调整。

【案例现场】

石油大王洛克菲勒对手下一个员工有这样的评价："即使在公司最困难的时候，他也一直没有放弃努力，始终以公司为荣。只不过他努力的方式与众不同，比较特别而已。"洛克菲勒表扬的这名员工，就是后来标准石油总裁阿基勃特，当时他只是标准石油公司里一名普通的销售人员。

洛克菲勒于19世纪创办了美国标准石油公司，后来成为世界上最大的石油生产经销商。阿基勃特虽然只是一名普通的推销员，但在公司已经小有名气。他的名气并不是因为他的销售业绩突出，在公司众多的销售人员中，他的业绩仅仅算中等，并非名列前茅。那么，他用什么方法让别人知道自己，记住自己呢？那就是他保持多年、别人都以为奇怪的习惯，只要遇到签名的机会，他都不会忘记签上公司的宣传语：每桶四美元的标准石油。当时标准石油公司的石油售价是每桶四美元，公司因此提出了一个宣传口号："每桶四美元的标准石油。"

只要有签名的机会，阿基勃特都会这样做。例如出差下榻饭店、购物买单、签收邮件等，每当需要签下自己的名字时，他都会在名字下方工工整整地写下公司广告语，甚至连平时写给朋友的信上也毫不例外，而对一些熟悉自己的朋友，他干脆不写自己的名字，直接用那句广告语代替。

四年后的一天，洛克菲勒无意中听到这件事，感到非常惊讶，感慨地说："竟然有这样不遗余力宣传公司声誉的员工，太令人敬佩了，我得见见他。"说完，洛克菲勒就安排人特意邀请阿基勃特共进晚餐。

晚餐时，洛克菲勒问阿基勃特为什么总是喜欢签上公司"每桶四美元的标准石油"的宣传语，阿基勃特坦然地说："因为那是我们公司最真诚的宣传语。"

洛克菲勒听了很高兴，接着又问："在业余时间里，你认为还有必要和义务为公司做宣传吗？"

阿基勃特平静地反问道："为什么没有呢？难道业余时间我就不是一名为标准石油自豪的员工吗？我每多签一次，就至少多一人知道我们标准石油和我们物美价廉的产品。"

听到阿基勃特这样说，洛克菲勒更加敬佩眼前这位平凡的年轻人了。于是，开始着意培养他，五年后，洛克菲勒因为身体原因，不得不离开总裁位置，卸任前，他没有把公司总裁这一重任交给自己的儿子，而是让阿基勃特挑起了这副重担，把整个公司都交给他经营管理。

结果证明，洛克菲勒没有看错人，他对阿基勃特的信任给标准石油带来了丰厚的回报，在阿基勃特管理期间，标准石油公司获得了飞速的发展，更加繁荣兴旺了。

没有完美的个人，但有完美的团队。团队应该以拥有优秀的员工为骄傲，员工应该以身处强大的团队而自豪。提高员工独立完成工作的能力，全面提高员工的个人综合素质需要注意以下几点：树立服从意识，增强服从能力；确立组织目标，增强凝聚力；树立整体意识，增进团结合作；改善人际关系，形成良好氛围；加强信息交流，挖掘创新潜力。总之，只要团队充分调动每个员工的积极性，使之凝聚成巨大的合力，并在团队执行力之中释放出来，就会使团队成为无坚不摧的钢铁之师。

【试说新语】

企业谋求发展，必须不断提高员工团队意识，可以利用企业文化环境熏陶，利用企业愿景引导，利用员工培训灌输，利用制度程序约束，利用奖惩措施激励等各种方式方法，打造一大批忠诚守信、服从意识强、能力突出的人才。只有发挥他们的整体优势，使团队形成巨大的凝聚力和战斗力，才能令企业立于不败之地。

贤人指路 一致是强而有力的，而纷争易于被征服。

——伊索

大豆喜生根瘤菌
——财务管理当严谨

财务管理是整个企业管理中的核心和枢纽，企业追求的目标，就是财务管理的目标，所以，企业应该以财务管理为纽带，协调运作企业管理的各个方面，只有这样，才能有效地发挥企业管理的各种功能，促进企业良性发展。根瘤菌是一种与大豆共生的菌类，企业财务管理要像根瘤菌寄生大豆一样，彼此互利互惠，发挥好财务管理的造血功能，促使企业逐步发展壮大。

【植物精灵】

古希腊神话中，负责农业的女神叫德墨忒尔，有一次她女儿普西芬尼要出远门，她就送给了女儿一颗大豆，并叮嘱女儿大豆能消除邪恶，防治百病，要女儿在关键时刻食用。女儿不舍得吃这颗大豆，而把它送给了人间，让大豆在大地上传种繁衍，造福于人类。

大豆的根上常常寄生根瘤菌，根瘤菌把空气中的氮气转化成含氮物质为大豆提供养分，大豆也为根瘤菌提供有机物，二者互相依赖，共生共利，成为植物界互相帮助的最好示范。

根瘤菌为大豆提供养料，与企业财务为企业造血，二者作用相似。企业财务管理对整个企业经营起着非常关键的作用。

首先，财务管理具有融资功能，为企业经营提供资本运作通道，例如为企业提供贷款担保、资信证明等。其次，财务管理具有资产管理功能，对企业资产有调控功能，帮助企业开源节流，有效增加企业资产的利润率。再次，财务管理是企业经营决策的重要依据，如果没有财务管理作为依据的决策，就容易造成决策失误，为企业经营带来不必要的损失。同时，企业财务管理还具有监督职能，对企业的社会责任和员工的工作责任，都具有约束和监督作用。

企业财务管理最重要的就是管好企业资金，企业资金管理不严，极容易造成资金闲置或资金不足，严重影响企业的正常经营。资金闲置会使资金使用率下降，不能参与生产周转，造成资金浪费，加大资本运作成本，实际就是降低了企业的利润率。同时，如果对资金使用缺乏计划，过度购置非生产性资产，就会造成流动资金短缺，从而无法保障生产经营正常运转，导致资本无法进入良性循环，而造成资本浪费。

财务管理不是简单的记账，它同时还有制度约束功能，如果财务管理不严谨，失去对企业管理者和员工的约束作用，可能就会给企业带来重大的资产损失。这种情况在很多企业中都有发生，不能不引起企业管理者的重视。

【案例现场】

某大型企业的一个员工，以妻子患有白血病急需治疗为由，向企业主管申请借款50万元，根据企业财务制度要求，这名员工写了一个借款申请，申请单写明了借款数额、还款方式和日期等，承诺企业可以从自己的工资奖金中逐月扣除，但没有按制度要求提供相应的担保。企业负责人和分管财务主管不知出于什么原因，没有认真审核就同意了该员工的申请，分别在上面签了字，企业财务随即分两次以支票形式向这位员工支付了50万元借款，员工也进行了签收。一个月后，这名员工突然不辞而别，企业经过半年查找，仍然得不到这名员工的消息，只好收集证据向法院提出诉讼。由于找不到当事人，又无任何担保，公司一直无法弥补这一巨大的损失，企业负责人因此受到了董事会的罢免，同时承担了大部分债务偿还责任。

无独有偶，另一家以销售摩托车为主的公司，连续向自己下属的分公司提供了价值800余万元的产品，但货款一直无人催缴。年底公司结算的时候，才想起催促下属公司上缴货款。可是为时已晚，货款已被下属公司经理挪用去股市炒股，不料遭遇股市大跌，资金全被套牢，500多万元资金已经缩水到只剩不到100万元，给公司造成了巨大的财产损失。下属分公司也由于资金周转困难，被迫关门停业。

以上两起财务事故，均是由企业财务管理不严造成的。财务事故对于企业来说，往往都是致命的。例如有的企业利用做假账的形式偷税漏税，有的企业利用假账提供虚假的资信证明来骗取银行贷款，这些都将为企业埋下巨大隐患，一旦出现问题，企业在劫难逃。所以，科学的财务管理对企业经营来说非常重要，必须把财务管理作为企业管理的中心，科学严谨地实施各项财务制度，这样才能确保企业资产安全、高效，创造出最大的利润。

企业要做好财务管理工作，要着重从以下三方面入手：

第一，要加强财务预算的安排。企业制定经营规划，不能太随意，不能仅凭管理阶层的决定，而要采用科学的方法，根据资本的实际结构状况，制定出符合实际的财务预算计划，并且要根据企业经营形势的发展需求，实时进行预算调整，使之更能适应企业发展。

第二，加强企业存货控制。把产品存货控制在合理的范围内，否则存货太多会造成资金呆滞，导致资金周转不灵，致使资金链断裂。

第三，不能重核算、轻管理。要在会计核算的基础上，建立财务状况模型，加强对企业经营现状的数据分析，对财务状况进行整体控制，为整体经营提供科学依据和资金保障。

【试说新语】

企业财务管理的重要内容是加强财产控制，要努力提高资金使用率，使资金收入与运用有效调配。这就要求财务部门能充分预测资金使用走向，合理安排资金回笼和支付周期，合理进行资金的使用和分配；加强内部财产控制，建立健全制度，定期进行审计核查，实时掌握企业资产动态，将财务管理贯穿企业管理的始终，加强对存货以及应收账款的管理。同时，加强对财务人员的业务培训，提升业务水平，提高财务管理的能力。并以科学的财务管理为依据，增强企业经营规划的系统性、科学性和前瞻性。

贤人指路 管理的最高境界就是利润最大化。

——佚名

向强者看齐

东芝：走动管理，马不停蹄

在东芝的生产房里，到处可以看见马不停蹄、四处走动的管理人员的身影。这些管理人员每天要洗四五次手，原因很简单，他们每天不停地在生产现场走动，这里摸摸，那里动动，没有他们看不到的东西，没有他们走不到的地方，这样下来，手很容易被弄脏，经常洗手也就是再自然不过的事情了。这是东芝走动式管理的一个分镜头，由此不难看出东芝管理的严谨性。由于管理人员经常在生产现场走动，这种无形的压力必然成为员工的一种监督，从而增强了员工工作的内驱力。长期如此，就培养了员工工作的自觉性，无论有没有管理人员在场，他们的工作都会认真积极。

走动式管理是东芝推行精细化管理的重要措施之一，综观东芝的精细化管理，可以分为以下几个方面，包括精细化分析、精细化规划、精细化控制、精细化核算、精细化操作等。

精细化分析是企业获得核心竞争力强而有力的手段，是企业制定策略方针、经营规划和工作计划的重要依据和前提，亦是企业经营活动的重要组成部分。东芝的精细化分析，主要是通过现代化的方式和手段，将企业经营过程中可能或已经出现的问题，从多个角度展现出来，从多个层次加以周密详细的分析，并以此为依据提出解决问题的策略和方法，制定出全面提高企业的生产能力和赢利能力的策略和方案。

东芝的精细化规划也做得非常科学，其中包括决策者根据市场状况和市场预测，结合企业的实际情况，制定出的关于企业策略、规模、管理、文化和经营模式，以及利润增长渠道、股东权益等的企业发展目标。同时，制订出中层管理人员为实现企业目标所需要的工作管理计划。这些目标和计划，不仅是合理的、可控的、容易实现的，而且是操作性极强的。

　　东芝的风险意识、机会意识极强，为此对每一个项目的运作都制定了详细科学的流程。从计划到审核再到执行，以及最后的总结回顾，有一个非常严格的规程，从此大大减少了经营失误的风险，堵塞了可能出现的管理漏洞，增强了管理人员和流程操作员工的责任感，使企业的整个经营过程实现了可控化。

　　成本意识是东芝每个员工都要具备的素质。东芝的每个员工都有降低成本的责任。每一个降低成本的建议必须立即论证，并在一周内给予答复。如果切实可行，就要制订方案，付诸实施。经由成本节约，努力减少企业利润的流失，可确保企业利润最大化。

　　走动化管理是精细化操作的一部分，工作的标准化、精细化，使每个员工都能遵守操作规范，并通过监督纠正可能出现的错误，确保企业管理的正规化和规范化，以确保企业产品的质量。

　　走动式管理看似简单，作用可是巨大的。这种管理是东芝实行精细化管理的保障，运用这种管理，东芝的精细化管理才能落到实处，发挥出巨大的威力。

第六章

有些花草很俊俏

——启动人力资源的开关

桃李无言，下自成蹊

——优秀人才是抢来的

企业离不开脚踏实地的员工，更离不开驰骋沙场、开疆拓土的优秀人才。优秀的人才，是企业不可或缺的发展动力之一。

【植物精灵】

"桃李无言，下自成蹊。"这句话是说，桃树和李树有芬芳的花朵、甜美的果实，虽然它们不会说话，但仍然吸引人们到树下赏花尝果，以至于它们的树下，常常被来来往往的人踩出一条小路。

企业度过了经济危机，重新振作，正是需要大量人才的时候。优秀的人才就像桃树和李树，虽然经济危机导致人才过剩，但其实优秀人才仍然是稀缺资源。在经济危机中，谁能抓住这个机会，快速行动，网罗到优秀的人才，谁就能在危机过后的大发展中获得主动。

优秀的人才为什么能造就优秀的企业呢？是因为优秀的人才能带来优秀的发展策略，能带来优秀的经营管理、优秀的产品和服务、优秀的团队精神、出色的工作效率、超强的核心竞争力以及广阔的市场，这样自然就造就了优秀的企业。由此可见，要想打造优秀的企业，必须拥有优秀的人才队伍。三国时期，白手起家的刘备之所以能三分天下有其一，很大的一个原因就是有诸葛亮、关羽、张飞、赵子龙等一干一流人才。国家如此，企业亦是如此。

有人说，人才不是招募来的，而是吸引来的，这话非常有道理。栽下梧桐树，引来金凤凰，企业必须有足够的魅力才能吸引人才的到来。

【案例现场】

在一次招聘会上，任晓青对一家生物工程公司产生了浓厚的兴趣，她认真研读了这家公司的宣传资料后，了解到这家公司的主业是开发研制动物食品，工作环境不错，待遇也很优厚。她想应征动物营养方面的技术职位，虽然僧多粥少、竞争激烈，但因为自己喜欢这份工作，所以决定去试一试。她精心准备好自己的履历，然后就赶往了招聘现场。

任晓青来到招聘现场，有很多应聘者正排着队等面试。她发现主考官面前的桌子上，放着三包饼干。每次主考官翻看完履历，与应聘者交谈几句后，应聘者都会拿起一块饼干品评一番，然后给主考官一个品尝结果和意见。

看到这种情况，任晓青感到非常纳闷，这家公司生产的产品无一例外都是动物食品，虽然人吃了没什么关系，但按照有关制度的严格要求，动物食品的外包装上都要有醒目的提示说明，提醒人不要误食。关于这一点，公司的资料和宣传展板上都有详细的说明，不知为何主考官会提出这样有违常规的要求，任晓青百思不得其解。

等到任晓青面试的时候，主考官问了几个专业术语后，就指着桌子上的饼干，让她也品尝一下。任晓青略微思考了一下，严肃地说："对不起，主考官先生，这个饼干我不能吃。"她拿起饼干盒，指着包装上的说明继续说："第一，贵公司的资料、展板，还有饼干包装上的说明，都提示这是动物食品，人不能食用。第二，就算我喜欢吃，动物们也不一定喜欢吃，应该根据动物的需求来研发产品，满足动物的口味和营养需求。"

主考官听后，紧紧皱了一下眉头，很快又恢复了平静，淡淡地说："你回去等着，有消息我们会实时通知你。"

到了中午，任晓青接到了那家公司打来的电话："恭喜你，你被我们公司录用了。"

原来，主考官眼前的饼干是专门设计的主要考察科目，用来考察应聘者的专业素质。一名动物食品开发研制技术人员，必须具备细心认真的态度，以及对相关业务信息敏感接受的特质，而众多应聘者很少有认真读完公司资料和展板的，也没有对公司的业务特点、产品特性进行过研究，所以，都简单轻率地按主考官要求，品尝饼干。只有任晓青有备而来，有依据地向主考官提出了自己不吃饼干的理由，自然得到了主考官的认可。

一旦某优秀人才被企业发现，并创造出突出的业绩，必然会成为众多企业抢夺的对象。所以，如何留住人才，就成为企业与人力资源市场的一场生死博弈。企业要想留住优秀的人才，不仅要留给人才足够的驰骋空间，切实保证人才的权益和福利，还要提供足够精神的空间，让其始终保持精神的自由，以工作为乐，快乐工作，快乐生活。

【试说新语】

企业要想得到优秀的人才，就要有广阔的视野和长远的策略，同时打造一流的企业文化环境，并发挥优秀人才的作用，把优秀的人才当成开疆拓土、生死与共的朋友。同时大力保护一流人才的利益，并留给他们足够的施展才华的空间，提供快乐工作的环境，还要做到用人不疑，疑人不用，否则，对企业和人才都是极大的浪费。

> **贤人指路** 不知道他自己的人的尊严，他就完全不能尊重别人的尊严。
>
> ——席勒

策略30

红豆生南国
——把合适的人安排在合适的位置上

在企业人力资源管理中，无论是强调员工的态度还是水平，其目的都是为了保证和提高员工的工作效率。有人说态度决定一切，员工抱着什么样的态度工作，将会直接影响到他的工作效率。但一个员工工作效率的高低，不仅取决于他的工作态度，还取决于他的工作素质、工作能力，以及适合的工作职位。为此，很多管理者都提出，工作效率就是让合适的人做合适的事。诗人王维的《相思》写道："红豆生南国，春来发几枝。愿君多采撷，此物最相思。"诗中的南国（南方）既是红豆产地，又是诗人朋友所在之地。因此，诗人借红豆来抒发自己眷念朋友的情结十分贴切。在企业管理中，人才也需要处于合适的位置，才能发挥出应有的作用。

【植物精灵】

古代南方有个青年，跟随部队出门去打仗，他的妻子就整天站在高山上，倚靠着一棵大树向北方张望，希望他早日归来。

因为思念和担心自己的丈夫，妻子天天在大树下哭泣。后来，泪水哭干了，眼里就流出鲜红的血滴，血滴变成了一颗一颗的红豆。这些红豆落地生根发芽，长成了大树，并结出了一树的红豆。日子一天一天过去了，青年一直没有归来。最后，妻子死在了红豆树下，而那些红豆继续表达着妻子对丈夫无尽的思念之情。因此，红豆也成为承载夫妻之间、朋友之间相思之情的最佳借喻之物。在企业管理中也是如此，应该根据人才的专长，合理地安排职位。

让合适的人做合适的事，这句话包含了以下几层含义：

第一，合适的人是指抱有积极认真的工作态度，同时又具有完成工作的技能和水平的员工。

第二，把他放在与自身能力和水平相匹配的位置上，同时他也服从这个安排，愿意在这个位置上努力工作。

第三，他在合适的位置上运用自己的工作技能，出色地完成了任务。

体现在人力资源管理过程中，第一是前提，第二是执行，第三是结果。三者层层推进，最终才能实现工作效率的最大化。这是最为理想的人力资源使用模式，人尽其才，物尽其用。但企业在实际的人力资源管理工作中，大材小用，庸才重用，此才彼用，人才错位的现象比比皆是。究其原因，当然是多方面的，既有人才使用原则和态度问题，也有人才选拔机制方法问题。

【案例现场】

引进人才不是目的，合理地使用人才，发挥人才应有的作用，才不会造成人才的浪费。由中国乡镇企业发展壮大的美的公司，最初在人才使用上，不可避免地受到家族和地域的影响。美的公司曾因是第一个有博士加盟的乡镇企业而闻名，但这位博士到来后不久，就因学无所用而悄然离开了。这件事震动了美的决策层，他们一下子明白了合理开发和利用人力资源的重要性，于是打破"人缘、亲缘、地缘"的枷锁束缚，大力招募引进人才，用"能者上，庸者下"的用人机制，全面挖掘人力资源的潜能。

于是整个公司改相马为赛马，把中层以下的职位，几乎全部变成了"赛马场"。凡是加盟美的的员工，都可以自报家门、自亮家底，有什么本事绝活，能干什么，想干什么，都可以一一亮出。如果同一个职位有两人以上竞争，就以"打擂"的方式一决高下，由胜者胜任。而且这一胜利也是暂时的，并非一战定终生，半年以后，如果有新的挑战者出现，就要重新"开擂比武"，再决高低。

"能者上，庸者下"这一机制运行之初，可以说在美的掀起了巨大的波澜，一些被"赛下"职位的"元老"，纷纷找到总裁何亨健，指责他"喜新厌旧""过河拆桥""卸磨杀驴"。何亨健非常理解他们的心情，不恼不怒，让秘书搬来一台计算机，放在气势汹汹的"元老"们面前，微笑着说："试试看，你们谁能玩得转它？谁行，明天就官复原职！"只有小学、初中文化水平的诸位"元老"，对高科技产品最多也就是看看，哪里驾驭得了？只能你看看我、我瞄瞄你，无言以对，接受离职的现实。

美的此举不仅引来了金凤凰，还为金凤凰打造了一个施展才华的广阔舞台。获得美国福特汉姆大学社会学硕士学位、康奈尔大学社会学博士学位的顾炎民，来美的之前，曾在美国纽约新英格兰公司担任顾问。为了进军海外市场、拓展海外业务，美的通过多种渠道、多方努力才将他请进公司，让他担任企划投资部特聘高级项目经理，专门从事企业投资策划分析研究。而朱彤是从新加坡国立大学毕业的工商管理硕士，加盟美的不久，就被提拔为人力资源部部长，全面主持人力资源部工作。曾有人问过顾炎民和朱彤，在美的工作是否开心，两位不约而同地回答：所学之长有用武之地。

拥有了人才并不等于拥有了人才的作用和贡献，还需要对各种人才进行合理的使用。而且人才也具有可持续发展的特点，随着工作经验的累积，工作能力的提高，人才的作用应该得到更大的发挥，这样才能为企业做出更大的贡献。

【试说新语】

企业要想确保合适的人做合适的事情，人才合理有序的流动必不可少，只有建立科学有效的人才流动机制，才能使人才更趋向合适的位置。因此，只有树立员工的服从意识，调动员工的工作积极性，提高员工的满意度，才能全面提高员工的工作效率。一个团队只有各司其职，发挥各自所长，才能形成巨大的合力，才能体现出卓越的执行力，实现企业效益最大化。

策略31

让仙人掌不扎手

——因人而异用奇才

现代企业管理中，常常把人才分为四种：一是一字形人才。他们知识面广，但专业技能不精。二是 I 字形人才。他们专业技能良好，可是知识面有些狭窄。三是T字形人才。他们的特长是知识面广博，专业知识比较精通，综合能力也比较强。四是十字形人才。他们不仅知识渊博，涉猎和精通的行业和领域众多，而且具有很强的学习能力和创新能力。这四种人才各有所长，也各有短板，企业如果不能因人而异，使用好这些人才，那么如同面对沙漠中扎手的仙人掌一样，让人不知所措，更不用说人尽其用了。

【植物精灵】

仙人掌是适应沙漠气候环境的精灵，它把叶子进化成刺，一来可减少水分蒸发，二来可以作为抵御动物吞食的锐利武器。它把茎进化成大大的储水袋，再把根系扩散到四面八方，汲取少得可怜的雨水。整个仙人掌就是依靠自身强大的适应力才能在沙漠的恶劣环境中生存下来。

相传每年七月初一，沙魔都会到村子里抢夺童男童女进食。而仙人掌是村子里勇敢的男子汉，这一年，仙人掌准备消灭沙魔，保护村里的孩子。他埋伏在村口，与前来抢夺孩子的沙魔展开了激战。交战中，仙人掌浑身上下中满了沙魔射来的毒箭，但他用尽了最后力气，用长矛刺中了沙魔的心脏。沙魔一怒之下，把自己化成黄沙埋没了村子，准备与仙人掌同归于尽。临死前，仙人掌用心口奋力地护住了一个泉眼，掩护乡亲们逃离了沙漠，并把身上的箭化成一根根刺，用来对付沙魔的爪牙。

企业使用人才，就像面对扎手的仙人掌，既要避其锋芒，又要人尽其用。只有因人而异，采取不同的使用策略，才能使人各尽其能，发挥各自的最大作用。一个企业的团队，就像是由航空母舰、战列舰、驱逐舰、登陆艇等舰船组成的混合编队。如果企业用人张冠李戴，把航空母舰的引擎装到了驱逐舰上，或把登陆艇的引擎装到了航空母舰上，那么其效果可想而知。只有通过绩效检验，才能知道人才使用是否合理，是否出现了错位。

【案例现场】

约翰和史密斯同时被一家大型超市录用，两人都被分到采购部，从最底层的采购员开始做起。刚开始大家一样出力、一样工作，看不出有什么不同，可是一年后，情况发生了变化。约翰似乎很受经理青睐，一次一次得到重用，从普通员工到领班，直到部门经理。而史密斯一直默默在采购部做着类似搬运工的工作，好像被人遗忘了一样。

史密斯很不服气，终于有一天，他向总经理提出辞职，并指责总经理待人不公，没有一视同仁。

经理耐心地听他发泄心中的不满，微笑着没有说什么。他了解这个年轻人，工作勤恳，吃苦耐劳，但总觉得好像缺少点什么。

这时，总经理眼前一亮，突然想到了一个办法，就对史密斯说："在我批准你辞职之前，你还要做完最后一件工作。请你立刻到市集上去看看，那里都卖些什么东西。"史密斯二话没说，转身去了。很快，他就回来报告说，市面上很冷清，只有一个农民拉了一车马铃薯在卖。总经理问："一车有多少袋？"史密斯又立刻跑了出去，过了一会儿回来说："10袋。""质量如何？价格多少？"经理又问，史密斯只好再次跑出去。

当史密斯气喘吁吁跑回来的时候，总经理说："年轻人，你先歇歇，我再安排约翰去看看。"于是，总经理叫来了约翰，安排他说："约翰，你现在就去市集看看，今天都有什么可买的。"不一会儿，约翰从集市上回来，向经理汇报说："到现在为止，只有一个农民在卖一车马铃薯，有10袋，总计58千克，质量不错，价格适中，而且价格还可以商量，我带回几个样品，请总经理过目。"说完，他把几个马铃薯放在经理面前的办公桌上。约翰接着汇报说："我认为他的马铃薯价格还蛮公道的，我想您可能会要进一批货，所以我把那位老农也带来了。总经理要不要见见他，和他谈谈？"

这时，总经理扭头看了一眼史密斯，只见史密斯已经满脸通红。总经理回头对约翰说："请老农进来吧！"

总经理对约翰和史密斯的任用并没有错，他是根据个人的才能，量才使用。晋职激励原则的普遍使用，常常遵循"彼得原理"——在各种组织中，由于习惯于对在某个等级上称职的人员进行晋升提拔，因而雇员总是趋向于晋升到其不称职的地位。这一现象常常让员工产生错觉，认为自己比同事、上司能力更强、水平更高，理应得到更高的职位。员工的这种心态，既有正面的激励作用，促使其更加努力地工作，向着更高的目标迈进，也有其负面的消极影响，令员工发牢骚、抱怨，甚而对工作产生厌倦情绪，造成工作职责缺失，破坏企业的工作环境和气氛。

【试说新语】

企业要因人而异地使用人才，重职责、重绩效而轻等级，善用人才流动机制，使流动成为常态，让员工心中的不平积淀逐渐消除，并摆正自己的位置，进而努力完成自己的工作，提高工作效率。

> **贤人指路** 必须让有天分的人独立，而人类应当深刻地掌握一条真理，即人类要使有天分的人成为火炬，而不要让他们放弃真正的使命。
>
> ——圣西门

铁白桦防腐

——建设一支过硬的团队

任何企业都离不开团队，如果企业是船，团队就是水手。企业要想在经济复苏中谋求发展，就像船要前进一样，离不开团队的集体努力。团队是企业的核心，团队精神就是企业的灵魂。一支超强过硬的团队，就像铁白桦一样，拥有过人的实力。

【植物精灵】

铁白桦是一种不为人们所熟知的树木，但这种树木木质坚硬，子弹也难以打穿它，它的抗弯强度几乎超过了熟铁，所以人们为它取了个名字叫铁白桦。铁白桦经过180年到200年的生长，可以长到20多米，树茎可达65厘米粗。用这种树木加工船体，完全不用涂刷油漆。它既不怕酸碱，又耐高温与严寒，具有非常好的防腐功能。这一神奇的树种，被视为俄罗斯的国宝。

正因为铁白桦自身过硬的质量，所以赢得了造船企业的青睐；企业团队也是如此，有过硬的质量，才能打赢企业复兴之战。企业团队是一个群体，而一个群体不一定是一个团队。团队与群体的最主要区别就是团队是一个组织，而且是有一定纪律要求的组织，而一个群体可能是一盘散沙。因此，一般来说，团队都有共同的价值观，遵守相同的组织纪律，在相同组织纪律的要求下，统一意志，集体行动，依靠集体的力量达成某种目的。在此基础上形成的团队精神，要求每个团队成员凝聚成远远大于个体力量的巨大合力，解决个体难以解决的问题和矛盾，向着团队的整体目标前进。由此不难看出，团队的精髓就是：个人服从集体，下级服从上级，基层服从核心，局部服从大局。一个成功的企业，必然拥有一支优秀的团队，而一支优秀的团队，一定是组织结构合理、意志统一、纪律严明、团结互助，充满凝聚力的团队。这样的团队，才有超强的执行力。

团队精神是一家企业管理思想的最本质体现，一个有生命力的企业，必定具备强大的凝聚力。缺乏团队精神，拥有再高超的技术和再美好的愿望也于事无补，试想一下，尽管企业拥有最先进的理念，却无法让员工接受，结果只能等于"零"！企业的决定因素正在于此，雄厚的资金也好，高科技的技术也罢，如果企业是一盘散沙，你做你的，我做我的，甚至互相中伤，彼此攻击，怎么可能发展？

日本企业十分重视团队精神的作用，无论是松下、丰田这样的大企业，还是很多规模较小、起步较晚的小企业，他们都十分强调团队的力量。

【案例现场】

20世纪，可携式随身听曾被誉为最成功的消费品发明之一，它引发的销售热潮创下了一个世界纪录。

最初，可携式随身听在市场上取得巨大成功之后，SONY公司决定继续进行研究，把随身听的体积缩到更小，更方便顾客携带。不用说，这项任务自然交给了高筱静雄带领的科研小组。

可是经过许多次尝试，科研小组仍然无法把随身听缩小到磁带盒大小。这时，小组中不免有人产生怀疑，高筱先生对研发人员说："我把随身听放到水桶中，如果没有气泡冒出来，就说明确实没有任何空间了。但如果有气泡出来，就说明里面还有空间。"说完，他将随身听放进水桶中。

当然，水桶里冒出了气泡。这时，所有人都不再说什么，只能继续绞尽脑汁进行技术攻关。最后，像磁带盒般大小的随身听终于研制成功。企业也因此进入了高速发展期。

团队精神给予企业一种无形的凝聚力、塑造力。即便企业暂时遇到困难、有强大的团队精神支撑，也不至于垮台。记得有位企业家在谈到人才时曾感慨：我宁肯要一些学历不高，但综合素质好、顾全大局的人，也不会选择那些从不顾及他人的所谓专业顶尖人士。

很多时候，一个无法融入集体的"专家"，对企业发展尽管可能有着短期效益，但从长远来看，却很可能影响到企业的文化，动摇企业的根基，出现不少弊端。

惠普一位资深经理说："有一件事我们十分有把握，那就是流畅平易的沟通方式。让大家彼此能够自由自在地互相交谈，是非常重要的，这是我们做任何事情的基础。"沟通是互相了解的保障，为此不少公司将沟通制度化，诸如例行晨会、定期全体员工大会等。

【试说新语】

企业打造团队精神，可以通过企业文化带动员工的团队精神。走进企业，大家就是一家人，企业应该一视同仁，不能厚此薄彼。不同的待遇是造就不公的温床，谁也不肯为这样的企业卖命。得到好处的人会认为这是应该的，得不到好处的人会觉得委屈。公司应该懂得每个人的价值取向是不同的，将他们整合到一起，那就是公司的目标。做到这一点并不容易，聪明的公司可以利用沟通、交流等多种方式达成。

> 贤人指路　错误在所难免，宽恕就是神圣。
>
> ——波普

策略33

山丹丹花开红艳艳
——留住人才就是留住未来

"让人才感动"是很多企业管理中经常喊出的一句话，这句话上升到哲学的高度，就是以人为本。但要做到这一点，并非易事。如何留住人才，一直是企业头疼的问题，解决不好这个问题，企业要想长期稳定发展，就会变得困难重重。

【植物精灵】

据传，有一年黄土高原上闹灾荒，人们生活贫困，日子过得非常艰难。有一天，人们聚集在一起，跪倒在山坡上，祈祷上苍能开恩降福，为老百姓指一条活路。

过了没几天，在一天夜里，人们忽然看见天上坠下无数缤纷灿烂的流星，不由得纷纷称奇。第二天一早，这些人像往常一样，拖着饥饿又疲倦的身体，无精打采地来到山坡上劳作。这时他们突然发现，荒凉贫瘠的土地上，竟然开满了红艳艳的山丹丹花。人们倍受鼓舞，纷纷投入开荒生产之中，修渠筑坝，挑水抗旱，经过辛勤的劳动，果然得到了好的收成。

山丹丹花因为火红艳丽，成为激发人们积极向上的精神象征而受到青睐，人才也因为对企业发展的独特作用，而受到企业的关注。企业与人才，是鱼和水的关系。企业这池水，能否养好人才这群鱼，一方面要看企业对人才的重视程度，即是否尊重人才、关心人才，把他们看成企业的主人；另一方面还要看企业人力资源操作的政策和措施，包括人才的职业规划、培训、薪酬、福利等等。

1746年，14岁少年华盛顿，在自己家石头房子后面栽了一棵苹果树，他父亲看到后就对他说："你要想吃到苹果，就应该把它种在阳光充足的地方，并且经常给它培土浇水。"父亲转身离开时，又说了一句话："如果你帮助它得到它想要的，你就能得到一切你想要的。"父亲的话对华盛顿的一生影响很大，华盛顿民主建国思想的源泉，也许就发源于此。企业管理同样如此，如果你能帮助员工得到他们想得到的，员工就会帮助你得到你想要的一切。经营人心，是企业管理者的必修之课。

企业如果给予人才应有的尊重和关心，同时保障他们的薪酬和福利等物质利益，就能换来他们的敬业和奋斗，他们也会更投入地奉献，和企业融合在一起。反之，如果企业与人才隔阂严重，互相猜忌，那么企业也将陷入被动，最终导致声誉受损，经营受阻，业务下滑，甚至亏损破产。

【案例现场】

2004年6月，在中国经营近15年的世界四大会计师事务所之一的普华永道，遭遇了前所未有的麻烦。始发于北京办事处，并已经持续了20多天的集体怠工事件，不断波及上海等其他区域，大有蔓延之势，中华区的管理者们为此焦头烂额，却又无可奈何。他们不得不面对接踵而至的现实：业务延期、接单数量锐减、效益大幅度滑落等，究其原因，不外乎劳资纠纷。企业公布的每年例行薪资调整方案，与员工努力创造的营业额之间的落差过大，与其他三大会计师事务所的调薪幅度相比，又相差太多。更令员工不满的是，2004年事务所的中国区业务量猛增，连续获得诸如中国银行这样的大客户高达数千万美元的审计大单，猛增的业务迫使员工大量加班，常常通宵达旦，夜以继日，如此巨大的工作量，虽然为事务所带来了高额的利润，但员工得到的实惠却很少。而且事务所对员工不够尊重，员工代表多次与领导阶层交涉，领导阶层却迟迟没有拿出任何令员工信服的行动，导致员工怠工潮不断扩大蔓延，几乎波及整个中华区。如果这场危机得不到实时化解，那么普华永道良好的商业信誉、百年品牌，将会受到严重伤害，事务所的发展，就会受到严重的阻碍。

普华永道发生员工怠工事件，并非偶然，作为享誉世界的著名会计师事务所，依靠员工的知识和智能进行脑力劳动的咨询企业，理应把人放到第一位。应该尊重员工，尊重他们的劳动，而不是仅仅把他们当成简单的廉价高级工人。应该让他们享受到工作的业绩和由此获得回报所带来的乐趣，让他们感到劳有所值，才能调动其工作的积极性。

如何抓住人心，赢得人心，令员工心服口服、心甘情愿地努力工作，是企业需要认真思考的问题。要在努力提高人才的工作满意度上，下足功夫。一般来说，人才在企业的工作满意度，决定于三个方面的因素，即期望、承诺和表现。期望是人才基于对企业的形象认识所产生的利益预期；承诺是企业承诺给人才的，并能完全兑现的工作报酬和福利待遇；表现是人才对企业整体经营效果、管理水平和兑现承诺等综合形象的直观感受。一个企业要想在人才心目中树立好的形象，就需要给予人才合理的期望，认真兑现承诺，并重视实际良好的表现。

【试说新语】

企业要想留住人才，就要从各个层面关心人才的工作和生活，令人才心存感动，进而全身心地投入工作。例如国际知名企业摩托罗拉，为了缓解高压力工作给员工家庭和睦带来的不利影响，常常定期组织员工家属进行联谊活动，增强员工的归属感。国际知名咨询公司罗兰贝格，为了让员工有一个尽可能好的感受，要求员工出差时，必须入住五星级以上酒店。通过这些细节，员工很容易产生情感上的认同，对企业心存感动，自然就能发挥工作热情，有较强的责任感和奉献精神。

贤人指路 要使山谷肥沃，就得时常栽树。我们应该注意培养人才。

——约里奥-居里

第七章

有些花草学变身

——给创新施点魔法

策略34

顺藤摸瓜

——人才是创新的基点

所有的创新都是人的行为，企业创新，当然离不开人才。创新能力是一个优秀人才必备的素质，也是一种基本的工作能力。所以，企业使用人才就是为了获得人才所带来的创新思维与创新意识，没有创新，人才就失去了应有的意义。抓住了人才，就如同抓住了瓜藤，下一步的工作，就是顺藤摸瓜，激发出人才的创新能力。

【植物精灵】

传说，天上有一个瓜神，特别爱吃西瓜，不管是谁家的瓜地，只要被他发现有即将成熟的瓜，都要去偷吃。瓜神的鼻子特别灵，在天上睡觉也能闻到西瓜熟了的香味，种瓜的老汉们都恨透了他。有一天，铁拐李路过瓜地，听了种瓜老汉们诉说瓜神的恶行，就打算教训一下他。

铁拐李把一个熟了的西瓜埋在地下，等待瓜神来偷。果然，天刚黑，瓜神就下凡了，可是这次他闻到了瓜香，却怎么也找不到瓜，就只好抓住瓜藤，顺着藤拼命摸索。突然，他的手被瓜藤缠住，越缠越紧，怎么扯也扯不掉，最后瓜藤勒得他疼得满地打滚。这时候，铁拐李走了出来，瓜神连连求饶，答应以后再也不为害百姓了。

抓住人才，发挥人才的创新能力，是企业谋求发展的重要思路。企业要充分调动人才的创新积极性，使人才充满创新的激情和创新的灵感，促使其提高工作效率，解决一个又一个的工作难题，进而取得优异的工作成绩。

企业的信任，是人才创新的内在动力，而创新是人才对企业信任的最佳回报方式。对于一个企业团队来说，纪律是团队的灵魂，当所有人才服从于企业的目标，服从于企业的要求，那么，企业就应该下大力气建构一个有利人才发挥自身才能的文化环境和创新氛围。同时，这也是一个企业团队建设的重中之重和迫在眉睫的任务。

【案例现场】

"抱娃"是一种黑皮肤的玩具娃娃，初到日本，并没有得到人们的认可。虽然"抱娃"的经销商佃光雄在杂志上刊登了大量的广告进行宣传，并跑遍了大大小小的百货公司进行推销，依旧无人问津。他只好把这些"抱娃"堆积在仓库里，任由其大量积压，毫无办法。

佃光雄的养子看到这些积压的玩具，也替父亲发愁。在一个偶然的机会，他发现百货商场里那些身穿泳衣的女模特模型，都有一双雪白的手臂，于是想到了与黑皮肤的"抱娃"会形成强烈的黑白对比。如果把黑皮肤的"抱娃"放在模特模型雪白的手臂里，那将是多么醒目啊！有这样刺激的对比，人们想不喜欢"抱娃"都不可能。

于是，这位小青年把自己的想法告诉了父亲，父子俩一起来到百货商场，说服了商场经理，他同意让每个泳衣模特模型的手里都抱一个"抱娃"。这一招果然奏效，凡是看到这一惊人效果的年轻姑娘，都会纷纷围上来，赞不绝口，情不自禁地询问售货员："这个'抱娃'真漂亮，哪里能买得到？"很快，"抱娃"成了百货商场的抢手货。

紧接着，这位青年乘胜追击，又想了一招，他和父亲聘请了几个皮肤白皙细嫩的靓丽女孩，身着夏季时装，手中抱着"抱娃"，出现在东京最为繁华的街道上。这一举动立即吸引了大量的行人驻足观赏，并惊动了新闻记者，他们纷纷前来采访。第二天，各大报纸竞相刊登有关"抱娃"的照片和报道，在东京掀起了一股"抱娃"热。佃光雄不仅将积压的"抱娃"销售一空，还重新购进了大量的"抱娃"，赚取了非常可观的利润。

这次"抱娃"销售的成功，来自于养子的大胆创新。佃光雄认为养子是一个不可多得的经营人才，就让他出任经理，把生意都交给了他。

随着经济的发展，市场竞争的加剧，是否具有强大的创新能力，已经成为评价企业的重要标准，美国《财富》杂志就曾提出："创新是一种对新思想、变化、风险乃至失败都抱欢迎态度的企业行为方式，这种行为方式必须渗透于企业管理中才能发挥作用。"这就指出了企业创新管理的重要性问题。对于人才来说，创新的目的不是完成任务，他们不是为了创新而创新。创新应该成为员工的一种思维方法、一种工作的策略、一种学习的阶梯、一种进取的精神。对于企业来说，创新管理实际上就是对企业生命的培育和维护，是对企业生命的保障。

【试说新语】

黑格尔曾经说过："如果没有热情，世界上任何伟大的事业都不会成功。"对于耗神费力的创新来说，热情更是不可或缺。企业信任人才，培养人才，进而激发人才的创新激情，是维持企业活力、提升企业执行力、确保企业实现经营目标的最有效的力量源泉。为此，企业要树立以人为本、以人为先的理念，摒弃短视盲见、急功近利的浮躁心理和急躁作风，支持人才在学习中机动创新、智慧创新，并将创新和解决问题相结合，尽快把创新成果应用到工作实践中去，尽快转化成提高工作效率的孵化器和加速器。

> **贤人指路** 创新应当是企业家的主要特征，企业家不是投机商，也不是只知道赚钱、存钱的守财奴，而应该是一个大胆创新、勇于冒险、善于开拓的创造型人才。
>
> ——熊彼特

策略35

棠梨树上结鸭梨
——嫁接是创新的好办法

企业创新管理，是企业管理的重要内涵，贯穿于企业经营的始末。调动人才的积极性，进行全面创新和全员创新，是企业在经济复苏后快速占领市场、谋求发展的必经之路。创新方法也是创新管理的重要课题，创新的方法很多，一些植物的成长，会给人们带来创新的启示，例如果树的嫁接。

【植物精灵】

果农为了提高水果的质量，改良品种，都会采用嫁接的方法。用棠梨树苗，嫁接梨树枝条，就是方法之一，这种办法能让棠梨树结出鸭梨来。

华佗是古代家喻户晓的名医，有一次他在一座大山中行医，发现山里人都得了一种怪病，咳嗽不止，浑身乏力。华佗经过长时间摸索，发现用鸭梨熬水饮用，治疗效果比较好。可是由于水土气候等原因，鸭梨树在山里栽种很难成活，但山里的棠梨树很多，于是，华佗和当地人一起，试着把鸭梨树枝嫁接到棠梨树上。果然，很多鸭梨树枝都活了下来，并且结出的鸭梨非常好吃。华佗用这些鸭梨，慢慢治好了山里人的病，果树嫁接的方法，也因此流传了下来。

企业人才的创新活动，是一种智力劳动，需要具备相应的条件。总结起来，人才要实现快速创新，除了具备高度的责任心、充足的知识储备、实践累积的丰富经验、积极主动激发的灵感火花，还必须克服创新的三个障碍。

第一，过于自我的自负心理。这种心理往往是创新的巨大障碍。自负令人无法看到新鲜的事物，对周围的环境变化视若无睹、麻木不仁，难以发现新的东西，受到新的启发。

第二，直线经验主义。创意灵感的产生，并非沿着直线前进，往往迂回曲折、柳暗花明，所以创新要善于捕捉机会，从宏观着眼，微观入手，迂回包抄、多点激发，左右兼顾、跳跃前进。

第三，逆变心理。所谓逆变心理，就是抗拒改变心理，这种心理是人们长期累积下来普遍具有的、根深蒂固的一种心理。尤其是对于独立个性不强、依赖心理严重的人，这种心理表现得更强烈。

克服了这三个障碍，创新才能得以实施，并取得成效。

创新要有创新思维，一般来说，包括六种思维，即发散思维、收敛思维、想象思维、联想思维、逻辑思维、辩证思维。利用这六种思维，就会产生六种创新的方法，包括列举创新法、设问创新法、联想创新法、组合创新法、模拟创新法、头脑风暴法。而采用嫁接的方式进行创新，就是这六种创新方法的综合利用。

【案例现场】

20世纪50年代的时候，佛雷化妆品公司垄断了美国黑人的化妆品市场。有一家只有500美元资产、3名员工的新成立的小公司——约翰逊黑人化妆品公司，试图挤进这个化妆品市场。公司生产一种粉质化妆膏，为了销售这种产品，在黑人化妆品市场上分得一杯羹，他们绞尽脑汁，终于搞出了一个创意，那就是搭上佛雷的便车，站在它的肩膀上摘果子。为此，老板约翰逊在报纸上刊登了这样一则广告："当您用过佛雷公司优质的化妆品后，如果再擦上约翰逊粉质化妆膏，您将会收到一个令您意想不到、开心无比的效果。"

约翰逊此举遭到了众位同事的一致反对，他们认为，这样为佛雷公司吹捧，是灭自己的威风，根本不会有好的效果。约翰逊耐心地对同事们解释说："正因为佛雷的名气这么大，我们才需要这么做。打个比方来说，现在整个美国，很少有人知道我约翰逊的名字，如果我和总统站在一起，众人就会关注我，留意我，记住我，我就会家喻户晓，名扬天下。同样道理，推销产品也是如此，佛雷公司盛名已久，几乎垄断了市场，我们的产品与他们的产品放在一起，我们的名字紧跟他们的名字，实际上抬高了我们的产品，表面上看是吹捧佛雷，实际上是在宣传我们自己，既不会引起佛雷的反感，又提高了我们的声望。"

这一次嫁接创意非常成功，约翰逊公司很快借助佛雷的市场发展壮大起来，最后居然击败了佛雷公司，而成为美国黑人化妆品公司的霸主。

约翰逊的成功得益于一次嫁接法的创新。一般来说，企业创新的过程要经过四个步骤：

第一步，要激发灵感，产生创意，这一时期要厘清创新能力、创新资金、创新管理、技术储备等企业资源状况。

第二步，要认真评估创新的价值，细化、完善创新思路，制订出详细完善的实施方案，使创新活动具体化，通过企业的销售渠道和经营队伍，实现创新的边际效应。

第三步，实施创新，并经过实践检验其效果，检验方式就是从顾客需求入手，看其能否满足顾客需求。

第四步，全面应用，大规模市场推广，这时要做好财务规划，统筹安排，切实保障创新成果顺利实施，从而顺利实现创新的效益，实现企业的规模效益。

【试说新语】

企业要谋求发展，唯创新一条路，创新要快捷迅速，要精益求精，要深入准确，一创中的，一创出新。要做到这一点，企业必须发挥团队精神，增强人才服从意识，从大局出发，充分发挥其主观能动性，进行集体创新，从而碰撞出一串串灵感的火花，使创新发挥出企业发展核动力的作用。

贤人指路 对于创新来说，方法就是新的世界，最重要的不是知识，而是思路。

——郎加明

策略36

橘生淮北则为枳

——创新要适应市场

不同的市场，由于其历史、文化、经济等各项因素有所差异，如同"橘生淮南则为橘，生于淮北则为枳"，其消费能力、消费喜好的表现均有所不同。而企业创新的目的，就是为了适应市场的发展，满足市场的需求。经济危机过后，市场留下了很多空白，市场需求渐趋旺盛，这个时候，哪个企业实时创新，适应市场要求，哪个企业就会在经济复苏、风起云涌的市场中，抢占有利地位，抓住发展的机遇。为此，企业的创新要适应市场的需求，不能适应市场，早晚会被淘汰。

【植物精灵】

晏子出使楚国，楚王为了从气势上压倒晏子，就在宴请晏子的酒席上，故意让手下人押解着犯人从门外经过。然后楚王问押的是什么犯人，手下回答说是齐国的人，犯了偷窃罪。这样，连续有两个犯人从门外经过，手下的人回答都一样，都是齐国的人在楚国当盗窃犯。

楚王听了，就问晏子："是不是你们齐国人都擅长偷窃啊？不会人人都是小偷吧？"意思是你晏子到我们楚国来，是不是也想偷什么东西？晏子听后，神色安然，淡笑着说："不知大王你听说过没有，橘子生长在淮河以南，就是橘子，挪到淮河以北后，就变成了枳子。虽然叶子长得还是一样，但味道已经完全不同了。这就说明，不是橘子本身出了问题，而是淮北的水土令橘子变成了枳子。齐国人在齐国都是好人，来到楚国就变成了小偷，难道是楚国的水土适合养窃贼吗？"楚王听了很尴尬，知道自取其辱，就不敢再得罪晏子了。

企业的任何创新活动，只有适应了市场需求，才会创造出效益。如果不能适应市场，那就说明企业在创新管理上出了问题。创新管理贯穿在整个企业管理当中，从三个层面三种内涵上展开：一是管理思维、管理模式、管理体制、管理方法的创新；二是对企业团队、个人创新活动的管理；三是创新型管理。这三方面互相关联、互相作用，是不可分割的整体。所有的管理都是为了树立符合整个企业的整体利益的模式，在服从整体利益的前提下，为了整体利益实施创新管理和创新工作。所以，目标不同、利益不同，管理的理论和方法也会不同，没有一成不变、放之四海而皆准的管理理论和方法。因此，创新管理本身就是一种符合事物发展规律的创新，创新适应了市场，就为企业打通了全面占领市场的快速通道，才能创造出应有的效益。

【案例现场】

有三个赋闲在家的年轻人，共同商量着出门寻找发财之路。他们来到一座大山里，发现这里出产一种苹果，个大皮红，果形漂亮，吃起来味道十分甜美，一看就是优质产品。但由于地处大山深处，信息闭塞，交通不便，这种苹果只在当地有少量销售，价格十分便宜，多数都是当地人自己食用。

第一个年轻人花光了所有钱，买了几吨苹果，贩运到老家，以很高的价格销售了出去，这样转卖了几次，就成了当地有名的有钱人了。

第二个年轻人购买了三百棵树苗，运回家后，承包了一片山坡荒地，栽上树苗，精心管理，头几年只有投入，没有产出。

第三个年轻人只是找到了苹果园的主人，花几元钱买了一包苹果树下的泥土，然后把泥土带到了一个农业土壤研究机构，化验分析出泥土所含的各种物质成分，以及成分的比例、土壤的湿度等数据。接着也在家乡附近，寻找了一块合适的山坡，承包下来，用了几年的时间，开垦土地，改良土质，培育出跟山里苹果园一样质量的土壤，然后栽种上优质的苹果树。

十多年后，三个年轻人的情况发生了变化：

第一个年轻人仍然去大山里贩卖苹果，但由于交通的改善、信息的发达，贩运苹果的人多了起来，山里的苹果也已经涨价了，他的利润已经降到了最低，收入微薄。

第二个年轻人的果园早已果实累累，虽然由于土壤的差异，质量不如山里的苹果，但利润还是不错，逐渐累积了一些财富。

第三个年轻人，果园也已经进入了盛果期，由于进行了土壤改良，结出的苹果完全能够与山里的苹果媲美，所以利润丰厚，发展前景广阔。

三个年轻人的创新，由于对市场的适应程度不同而产生了三种不同的结果，因此所创造的价值和利润也有很大不同。

市场的需求层次是不同的，所以企业的创新要与市场需求的发展趋势相一致。既要有策略眼光，又要有战术措施，并紧扣市场需求，使创新时刻适应市场。所有的创新都具有当下性和时效性的特点，这就要求创新必须具有超前性，就像那个购买泥土的年轻人一样，找好市场的提前量。

创新活动管理，是企业管理的核心任务之一。团队和员工的创新能力，是服从意识的真实体现，是企业凝聚力的重要保证，是企业执行力的源泉，是企业竞争力的核心。一个企业最糟糕的表现，莫过于缺乏创新、死气沉沉、不思进取、丧失活力。这对一个企业来说，无疑拉响了危险的警报，当前国际企业界流行一句口号："不创新，即死亡。"这绝非危言耸听，而是创新对企业重要性的真实写照。

【试说新语】

企业要做到适应市场，快速创新，提前创新，就要求员工必须主动创新，积极创新，以创新为己任。而要保证这一点，必须让员工树立牢固的服从意识，绝对服从企业的目标和要求，想企业所想，急企业所急，与企业的策略目标、经营思路保持高度一致。这样的创新才会发挥关键效力，帮助企业赢得先机，或者渡过难关。

贤人指路 创新，可以从需求的角度而不是从供给的角度给它下定义：改变消费者从

资源中获得的价值和满足。

——彼得·德鲁克

策略37

七彩辣椒色缤纷
——满足顾客精神需求

顾客就是市场，顾客的需求是多层次的，既有物质需求，也有精神需求。经济危机过去，顾客的需求也会由简单的物质需求，向物质需求和精神需求结合的方向发展。同时，精神需求的增强也为企业的创新提供了新的机会和新的要求。

同样是满足人们饮食所需的椒类，由于仅仅改变了颜色，从原来的红、绿两种颜色，变成赤、橙、黄、绿、青、蓝、紫七种，一上市立即就受到消费者的欢迎，这就是创新满足消费者精神需求的魅力和价值所在的案例。

【植物精灵】

七彩辣椒已经不是奇闻趣事了。最初种出七彩辣椒的，是以色列一家蔬菜种子公司。研究人员通过一定的技术手段，使那些辣椒的颜色变得五彩缤纷，不仅增加了人们的食欲，还令人们心情舒畅。七彩辣椒问世后，不仅仅作为蔬菜供人们食用，还发展成了一种观赏植物，用来装点人们的生活。七彩辣椒的有趣之处还在于，在一棵辣椒植株上面，会结出不同颜色的辣椒。这一创新，赋予了辣椒新的使命和生机，为人们带来了新的快乐和满足。

七彩辣椒是一个成功的创新，它的成功就在于赋予了辣椒新的功能，满足了人们精神层次的需求。

创新是为了实现企业的效益，所以企业的创新管理，就不能单纯停留在企业内部的苦思冥想、闭门造车层面上，必须深入市场，深入人们的生活，实时了解、实时捕捉顾客的消费心理变化，把握顾客的精神需求脉搏，知道顾客想要什么，知道自己能够给予顾客什么。只有这样，才能使创新有的放矢，集中资源少走冤枉路，打造出适销对路的产品来。创新，就是为了更好地满足顾客的需求，为企业创造效益，离开这一点，创新就是无用的，就是资源浪费。

顾客的精神需求是多层次的，所以企业创新也该是多角度、全方位的。有的顾客追求视觉享受，有的顾客追求心理满足，有的顾客看重高品位，有的顾客讲究生活情调，企业应该针对顾客的不同精神需求，围绕主流需求进行创新。这样就会使企业的产品和服务更贴近市场，进而创造更大的利润空间。

【案例现场】

法国未来海报公司，是一家有名的广告公司。公司创立之初，就进行了一次创新宣传，并通过这一创新，使自己一夜成名，迅速崛起。他们的创新方法是，先在一条繁华大街的醒目位置，张贴了一幅巨大的海报，海报上面绘制了一位身材苗条的美女，身着比基尼泳装，靓丽迷人。在美女一侧写着一行醒目的字："9月2日，我将脱去上面的泳衣。"一时间人们驻足观望，咋舌称奇，并且在街头巷尾议论纷纷。

9月2日一大早，好奇的人们纷纷跑到海报前一看究竟，果然，上面的美女脱去了泳装上衣，袒胸露乳。美女的身旁又换了一行字："9月4日，会给您一个惊喜，下面的泳衣也将脱掉。"

9月4日清晨，好奇的人们早早来到海报前，只见美女已经一丝不挂，但已经转过身去，用一个漂亮的背影，带给人们无限的遐思。美女旁边，一行新写的字格外突出："说到做到，未来海报！"该公司用此奇招，顿时声名鹊起，业务也纷至沓来，很快就在海报广告业站稳了脚跟。

创新是种子，效益是硕果。春种一粒粟，秋收万颗籽。创新观念淡漠的企业是一片散沙，种不下创新的种子，长不出创新的幼苗，当然结不出效益的果实。

很多企业经营中遇到困难，缺乏直接面对困难的勇气，往往不是想办法解决，而是逃避或寻找靠山。这种心理常常伴随着公司的成长而产生，例如很多初创小公司，勇于创新，大胆求变，充满了生机和活力；而一旦成长为大公司，就开始故步自封，僵化消极，不敢承担风险，不敢正视市场的风云变幻，最后必然僵化而衰，或者走向破产的境地。

【试说新语】

企业必须要通过各种途径，采用各种方法，增强人才的创新意识。当然，世上没有所有企业都通用的万能创新钥匙，企业要想获得成功，就必须根据自身的特点和需求，设定自己的创新目标，培育自己的创新环境，找到自己的创新途径。而一名企业的员工——创新的播种者，要想有所收获，必须服从企业的意志，时刻准备好企业所需的、优良的创新种子，适时播种，自发地创新，牢牢抓住创新的主动权，努力让创新结出硕果，满足顾客的物质和精神需求。

> **贤人指路** 作为一个未来的总裁，应该具有激发和识别创新思想的才能。
>
> ——斯威尼

策略38

海金沙的叶子随时长
——发挥人才的创造力

创新是企业生命力之源，那么企业应该如何培育创新沃土，充分调动人才的创新积极性，确保实现企业效益最大化呢？不妨参考海金沙，来激发人才的创造力。

【植物精灵】

神奇的海金沙，能让叶子无限生长，这是植物界的一个奇迹。人们看到的海金沙藤蔓，其实并不是它的茎。海金沙的茎埋在土中，人们看到的只是它叶轴顶端生长点上一片无限制生长的叶子。海金沙喜欢晒太阳，利用卷曲的叶子，攀爬草木，到阳光充足的高处。它的孢子呈金黄色，细如海沙，因此得名。

相传古代有一个年轻人，爱上了村里一个美丽的姑娘，可是姑娘的父母贪婪爱财，要年轻人拿出十两金子的聘礼，才答应把女儿嫁给他。年轻人跑到山里去淘金，结果被洪水冲走。他死后便化作一种植物，叶子无限伸长，以便爬到高处呼唤姑娘，这种植物被人们称为海金沙。

海金沙的叶子，可以根据需要无限伸长，企业人才的创新，也应该如此。企业应该根据自身的发展需求，时时刻刻发挥人才的创造力，这是企业创新管理的重要任务。创意人人有，但并不是每个人都能成为创新人才，这就要求企业为人才提供均等的创新机会，为其打造自由灵活的创新空间。如果企业没有让人才发挥出应有的作用，那就是企业对人才的浪费。

很多创新就像窗户纸一样，一旦被捅破，人们就不会感觉新奇了。所以创新的价值，贵就贵在"第一次"，贵就贵在谁最先捅破这层窗户纸，所谓"第一个吃螃蟹的人是英雄"，就是这个道理。

【案例现场】

亮靓洗车行处于有些偏僻的城郊，所以生意一直不算兴隆。老板为此很着急，经常召集员工一起想办法，并且许诺谁能想出好办法，让洗车行吸引到大量顾客，就会奖励谁1000美元奖金。

洗车行有一个刚来不久的操作工，给老板提了个建议，老板听了立即眉头舒展，露出了笑容。老板按照操作工的建议实施后，果然来洗车的顾客大增，效益也很快得到了极大的提升。那么，操作工想出了什么点子呢？原来，他让老板将两部车停在洗车行的醒目位置，两辆车是相同的品牌、相同型号：一部车弄得脏兮兮，满车污泥，上面放了一块醒目的标牌，写着"洗车前"；另一部车清洗得干干净净，光彩照人，上面也立了一块标牌，写着"洗车后"。两辆汽车对比如此强烈，自然非常引人注目，也就吸引了众多爱车族来洗车，生意就慢慢好了起来。

老板发现操作工是个难得的人才，不仅兑现了奖金，还开了一家连锁洗车行，交由操作工经营管理。

创新需要动机，有了动机才有创新的激情和创新的力量，因此，对创新的激励必不可少，除了愿景激励，责任激励和公平公正的奖惩激励也是必不可少的。将创新结果和绩效与薪资挂钩，重大创新重奖，关键创新重奖，守旧落后惩罚，就可以促使人才时时产生创新的热情。

人才的创新行为，有高风险性，要求人才不仅要有大局观和服从意识，而且要有不怕失败的心理。企业要给人才勇于冒险和遭受失败的机会，允许他们犯错失败，但不允许他们落后守旧，这才是企业创新的根本。一个缺乏风险精神、害怕失败、不敢创新的企业，注定不会走得太远。简单地说，企业的工作团队要想具有卓越的执行力，取得较好的绩效，创新才是竞争的利器和法宝。

【试说新语】

企业要想创新，就必须要求人才服从企业的愿景目标，服从企业的经营策略，创新必须要为实现企业效益服务。员工只有养成自觉创新的习惯，才能够常看常新，实时发现新问题，实时思考新问题，激发出创新的灵感，找到创新的路径。

> **贤人指路** 为了产生创新思想，你必须具备必要的知识，不怕失误、不怕犯错误的态度，专心致志和深邃的洞察力。
>
> ——斯威尼

向强者看齐

乔布斯：苹果的九大法则

法则一：招募一流人才。乔布斯曾说，自己花了大半辈子时间才充分认识到人才的作用和价值。他强调说，自己过去认为一位出色的人才能抵两名平庸的员工，现在他认为能抵50名。他大约把工作中四分之一的时间用来招募人才。他挑选职员十分仔细，亲临现场，目的是使应征者以最快速度了解适应公司的文化氛围和环境。

法则二：一切都尽在掌握。苹果是一家能够掌控全盘的公司，从硬件到软件，从设计到功能，从操作系统到应用软件，其产品必须由自己打造。随时可以改变，创新时刻发生，时刻关注产品中的每一项技术，只有如此，创新才能顺利转化成产品。掌握每一个零件，是苹果创新的关键。

法则三：不会有B计划。在涉足一个新的领域时，必须集中精力，倾注全部心血打造一个产品，只有A计划，没有备选方案，不要留退路。将最佳的创意、设计、技术，倾注于一款产品上，才能打造出精品。

法则四：追求残酷的完美。即便新产品一切工作都已完成，如果发现还有两颗螺丝帽暴露在表面，这样不起眼的小细节，也必须要推倒重来，残酷的标准成就了一个个令人惊叹的苹果产品。

法则五：软件永远是其核心技术。无论什么时候，对消费类电子产品来说，软件都永远是核心技术。只有自己拥有软件技术，才不会看别人的脸色行事，也不会因为要等待别人最新的操作系统发布，而推迟硬件产品的上市，为此苹果坚持做自己的操作系统和那些悄无声息的后端软件。这也是连一些消费电子的巨头也无法超越苹果的真实原因。

法则六：小心审慎与第三方合作。与其与平庸的公司合作，还不如不合作，因为那样只会降低苹果产品的优异质量而不会带来任何好处。受制于他人也是不可容忍的，那会有损于苹果坚持完美的风格。

　　法则七：秘而不宣，严格保密。苹果公司所有的产品开发计划都是这个地球上最高等级的机密，保密程度不亚于任何国家的保密系统。一个产品在推向市场前，绝不会走漏一点风声。有的研究甚至已达五年之久，外人竟然毫无察觉。有的销售商甚至在产品正式发布两周前才能看到真实的原型机。苹果还经常专门制作几款假的原型机掩人耳目，以达到绝对保密的目的。

　　法则八：产品必须能够带来可观的利润。如果产品又酷又新，却不能带来实实在在的利润，那就不是创新，必须舍弃。这就不难理解乔布斯重回苹果后，为什么毅然决然地取消了坚持七年之久的牛顿PDA业务。

　　法则九：科技产品不仅令人惊叹，而且必须要引导消费。满足客户需求的行为是平庸的公司做的事情，引导客户需求才是苹果的经营之道。

　　这是一个商业奇才遵循的法则，也是苹果屡创佳绩的奥秘所在，领悟了这九大法则，也就是领悟了创新之妙，领悟了商业法则的精髓。

第八章

有些花草擅结伙
——规模求来效益

策略39
门前一棵槐，财神不请自己来
——招商引资靠实力

企业经营，自然讲究天时、地利、人和。经济危机过去，经济复苏，市场出现众多新的机遇，这是天时；而各地政府为经济复苏采取各种推动政策，是为地利；至于人和，就全看企业自己的吸引力了。任何企业想发展，都会希望谋得各方面的支持，例如资金、技术、设备、市场等方面的合作，这些合作，常常被称为招商引资，优势互补。中国自古就有"门前一棵槐，财神不请自己来"的说法，意思是门前栽下槐树，就能招财进宝。放在当今时代，就是说企业要想找到合作伙伴的支持，自身就要有与人合作的资本。

【植物精灵】

夏朝有个帝王叫槐，又叫帝芬。槐在位期间，先后征服了从泗水到淮河之间的九个夷族部落，极大地扩展了夏朝的势力范围。在槐的治理下，夏朝的社会经济也得到快速的发展，夏朝进入了最辉煌最富有的时期。人们为了歌颂他不朽的业绩，就把一种当时能给人带来财富的树，命名为槐树。而槐树之花又开在夏季，因此象征着夏朝之花。帝王槐又名帝芬，意思就是指花朵芬芳，香飘四海。从那时起，人们就流传一个说法：门前一棵槐，财神不请自己来。

槐树浑身上下都是治病的中药材，槐树叶、槐树皮、槐花、槐米，能治疗多种疾病，槐木又是打造家具的上好木材，所以，至今还有人在家门口栽棵槐树以图吉利。

企业经营，常常会因为自身实力不足，而谋求与其他企业或投资人合作的机会。这种合作，能弥补企业的不足，扩大企业的实力，并借此来实现单凭企业自己无法实现的经营项目和经营目标，民间称这种合作为借鸡生蛋或借船出海。合作的方式也有很多种，有的只借助其他企业的一定的投资，相互占一定比例的股份，最后按比例分红；有的是借助对方的技术，以技术入股的方式进行合作；有的以市场渠道的方式进行合作；还有的是进行全方位的合作。不管是哪一种合作，都是优势互补，全面提升企业的实力，为企业的发展补充能量，是一种以扩大规模来追求效益的选择。

企业招商引资这种合作方式，现在被广泛应用，有的是长期合作，有的仅仅作为短期的项目合作，但不管时间长短，都会为企业带来变化。无论是经营还是管理，都将带来一些新的、有益的东西，促使企业更能适应市场发展的需要，为企业发展充电，补充足够的后劲。

【案例现场】

美国有一家生产清洁用品的小工厂，由于经济危机的冲击，加上经营不善，濒临破产倒闭。厂里有一个销售员，深知工厂经营不善的原因。他做销售员多年，知道这个厂生产的肥皂质量不错，深受消费者的欢迎，市场前景很好，感觉就这样倒闭破产实在可惜，所以他下定决心把工厂买下来。他四处筹措资金，直到最后一天晚上，仍然差一万美元，他感到非常绝望，一个人孤独地徘徊在冷清的大街上。

夜已经很深了，他仍然毫无目的地在街头走着。这时，他抬头看到了一栋办公大楼上的一间办公室还亮着灯，不由得眼前一亮，最后的希望在心头升起。

他鼓足勇气，走进写字楼，敲开了那个办公室的门，办公室里有一位律师正在办公。他向律师详细介绍工厂的情况，述说了自己的心愿，以及自己筹措资金的情况。律师被他的诚心打动，更被工厂的前景所吸引，答应与他合作，不仅借给他一万美元资金，还拿出更大的投资。

律师很快帮助他收购了工厂，开始了全面合作。经济危机过去后，他们经过几年的努力，不仅使工厂起死回生，还得到了很大的发展，成为一家有名的洗化企业。

这是一次非常成功的招商引资合作，销售员与律师的联手，可谓取长补短，相得益彰：销售员懂销售、会管理，律师懂法律，优势互补，最终成就了一个企业的发展。如果没有这次的合作，那么这家洗化企业可能就不复存在了。

目前，这样跨界合作的商业案例很多，或共同出资，或各出优势资源进行合作。这些都是开辟市场、扩大规模、迅速打开市场渠道的有效方式。许多国际知名企业进入新的市场，也往往采取这种方式，与当地一家或几家企业联手，利用企业在当地的市场和资源优势，出资购买一定股份，或者以技术入股的形式，直接进入当地市场，为企业规模和效益的扩大开辟了新的路径。

【试说新语】

企业招商引资，首先要打造好自己的优势资源，做好合作的准备。可能是拥有市场资源，或有优势产品，或者有技术人才，不然就是有工程项目，换句话说，就是要有自己的强项，不能空手套白狼。否则，很难谋求到合作的伙伴。即便有人愿意合作，合作也不会愉快长久。要把握好招商引资的原则，缺少什么引进什么，只有双方都能获得相当的利润，才能确保合作的真正成功。

贤人指路 人们在一起可以做出单独一个人所不能做出的事业；智慧＋双手＋力量结合在一起，几乎是万能的。

——韦伯斯特

策略40

像绿萝一样找好攀爬的支点

——不妨委身龙头企业

【植物精灵】

一条小蚯蚓和一只小壁虎生活在森林中，它们是好朋友，那时候壁虎没有眼睛，只能靠鼻子寻找食物。有一天，小壁虎对小蚯蚓说："我好羡慕你有眼睛啊，能看到阳光、花朵和很多美好的食物。"蚯蚓是个善良的孩子，很同情壁虎的遭遇，就将自己的眼睛借给了它，谁知道壁虎借了眼睛之后就跑得无影无踪。可怜的蚯蚓只好身体埋到土里四处寻找，而灵魂却化作绿萝，爬到身边最高的树上寻觅。壁虎害怕绿萝找到它，白天躲藏起来，只有到了夜晚，才敢出来寻找食物。至今壁虎仍然鬼头鬼脑，就因为害怕被蚯蚓找到。

绿萝属于藤蔓类植物，它的植株看起来是柔弱的，而它的生命力却很顽强。它的根系发达，缠绕力强，凭借自己的攀附能力，它弱小的身躯几乎能达到任何其他植物能达到的高度，来吸收充足的阳光。

只要给绿萝一个支撑，它就能爬到阳光照射的高处，这是绿萝生存的本领。经济的春天到来后，企业，尤其是那些初创的小企业，自身实力有限，要想获得生存发展的机会，不妨像绿萝那样，找到一个大企业，攀爬依附在它的身上，为其提供服务，借势养精蓄锐，发展自己。

创业之初，依附于大企业，为它们提供配套零部件加工生产或服务，有两个好处：

第一，通过与大企业的业务来往，向大企业学习先进的技术和管理经验，学习它们的经营策略。

第二，获得稳定的业务支撑，保证自己的资本累积，维持自身的生存发展，一举两得，一箭双雕。

这种背靠大树好乘凉的方式，是一条很好的发展之路。

整个商界就像在出演一部电影，有主角也有配角。每一个成功的大企业，背后都隐藏着众多的小企业。它们为大企业提供各种相关的配套服务，大企业为它们输送血液，提供生存的空间。从奔驰、通用到本田，从东芝、三星到海尔，几乎所有大企业的周围，都聚集了数目众多的卫星企业。在这些明星企业大红大紫的时候，没有人会注意到那些甘当配角的中小企业，但对于创业初期，起步维艰的中小企业来说，当一个配角未必不是好事，不仅能够谋到生存的机遇，还会赢得发展的空间。

日本早已形成中小企业为大企业配套生产的典范，它们的大企业与中小企业的合作承包关系，具有环环紧扣的多层次紧密关联性，形成了金字塔般严谨的系列化生产体系，既密切了大企业与中小企业生死相依、唇亡齿寒的互相依存关系，又使中小企业具有规模效益。双方互惠互利，协调发展，共同打造维系了一个企业生存发展的生物链。

【案例现场】

宏业公司是一家机械加工企业，自从20世纪90年代创办以来，一直专门为某大型汽车制造企业配套生产一种零件。企业创立之初，他们也曾经走过曲折的路，尝试开发自己的产品，打造自己的品牌，结果几经碰壁，最后找到了为大企业专门配套生产某一配件的道路。宏业老板曾感慨地说，很幸运摸到了一条正确的道路，企业能发展到今天，完全应该感谢大企业提供的机遇，站在巨人的脚下，让人觉得活得踏实。

宏业公司成立之初，没有资金，没有技术力量，仅有的只是几台机床和十几名车工。别说创立自己的品牌，就是贴牌生产，很多品牌企业都会嗤之以鼻，不屑一顾。他们幸运地找到了为汽车企业生产配套产品的某小企业，为这家小企业配套生产一种单纯的小零件。

有了一定的资金和技术累积，宏业公司开始更新设备，招募高水平的技术人员，很快就有了更大的生产能力。于是，那些大企业也纷纷找上门来。宏业在为大企业做配套生产的时候，也曾遇到过困难和波动，有时候大企业资金周转慢，他们需要自筹资金为之垫付，还有条件利润更丰厚的企业拉拢他们另立门户。经过一番复杂的挣扎，最后宏业还是坚持了下来，他们认为，能与大企业建立长期稳定的合作关系不容易，不能见异思迁，要集中精力做好一家，把产品做到最精，等积蓄足够力量之后，再谋求更大发展不迟。

宏业现在已经成为配套零件生产企业里的佼佼者，由于产品质量上乘，信誉好，管理服务也很令大企业满意，在一家大型汽车的配件厂商里，已经获得了产品免检的优待。

宏业的成功，来自对大企业的依附。当然，对于已经具有相当规模的中小企业而言，为大企业做配套生产服务，也具有一定的风险。由于配套生产服务的业务单一，一旦大企业出现问题，就会为这些中小企业带来灭顶之灾。上午大企业宣布倒闭，等不到下午，这些配套卫星企业就得宣布破产。这种寄生的风险，曾经发生过，2000年，韩国大宇汽车宣布破产，仅仅在韩国，就有400多家与它直接合作的中小企业倒闭关门，引发千余家生产链上的企业连锁倒闭，近万家企业受到波及，造成50余万员工失业，影响深远，教训深刻。

【试说新语】

小企业委身大企业，要有自己长远的发展规划，要努力储备自己的技术力量，一方面为大企业提供优良的配套产品和优质的配套服务，另一方也要打造自己的核心竞争力，走一条既合作又独立自主的道路，逐渐降低自己对大企业的依赖程度。

> **贤人指路** 团结就有力量和智慧，没有诚意实行平等或平等不充分，就不可能有持久而真诚的团结。
>
> ——欧文

策略41

大树底下好乘凉

——兼并是扩张的良策

经济危机使很多企业休克，但危机过后，企业的兼并扩张，就有了一个绝佳的机会。船行水上，吨位越重，越能行驶沉稳，抗击风浪，企业也一样，规模越大，在市场竞争中就越容易站稳脚跟，越容易谋求利润。所以若能趁那些大企业尚未复苏之际，抓住机会，以低廉的价格收购兼并，就可以迅速地扩大自己的规模，并能获得原有企业的技术和市场。所谓大树底下好乘凉，在经济复苏中，企业应该抓住机会占据有利的地位。

【植物精灵】

大树底下比别的地方凉爽：第一，因为大树的树荫浓密，光线较不易透过去；第二，大树的树冠面积大，形成的树荫也比较大，导致树下的整体气温较低；第三，由于大树身形大，接触的空气面积比较大，造成大树底下的空气流动更频繁一些，也就是风大一些，所以人们才会说大树底下好乘凉。

企业界最早的一棵大树，应该是洛克菲勒所属的标准石油公司，洛克菲勒是企业收购兼并的鼻祖，我们不妨看看洛克菲勒是怎么想到收购兼并的好处的。

【案例现场】

洛克菲勒在经营自己的石油产品过程中，意识到要想让自己的买卖抵御住市场的惊涛骇浪，必须要扩大企业的规模。他寻找到两位资金雄厚、信誉良好的合伙人，联合成立了标准石油公司，注册资本为100万美元。

在接下来的经营中，他发现用价格战打败竞争对手，把它们挤出市场，并非良策，还应该有更好的办法。于是他采取了另一种策略，向竞争者提供标准石油公司的股票，或者直接提供现金，买下他们的炼油厂，把竞争对手变成自己的赢利帮手。在收购兼并那些公司的过程当中，洛克菲勒网罗到一大批人才。他们为他的标准石油公司的整体经营，提供了新的管理经验，用洛克菲勒自己的话说，那价值远远超过了被兼并的所有公司的价值。

到了1879年年底，全美90％的炼油业已经被控制在了标准石油公司手中。自美国建国以来，还从来没有一个企业能如此迅速，并完全彻底地独霸过某一行业的市场。

在这种大前提下，"托拉斯"应运而生。洛克菲勒根据自己的律师多德提出的"托拉斯"这个垄断组织的理论，加大兼并力度，又收购兼并了40多个厂商，于是全美国80％的炼油工业和90％的油管生意，完全控制在了标准石油公司手里。公司还于1886年成立了天然气托拉斯，将标准石油公司更名为美孚石油公司。

在洛克菲勒的启发带动下，美国各地、各行业迅速涌现出了一大批各种托拉斯，很短时间内，托拉斯这种垄断组织企业所拥有的业务就占了美国整体经济的90％以上。

洛克菲勒是发现收购兼并价值的一名先驱者，他开创了美国，乃至整个资本主义世界历史上一个独特的时期——垄断时代，为后来的整个世界市场发展，提供了正反两方面的经验和教训。

经济复苏过程中，在大企业纷纷收购兼并的热潮中，中小企业也获得了众多的机遇。中小企业在成本和资源上有很多优势，在此基础上，不妨优先选择和大企业进行合作，以求互利双赢，共同发展。

企业要将收购兼并看成是策略管理。尽管很多企业在萧条时关了门，但只要能够顽强地挺过来，就要借机发展壮大。企业应该抓住经济复苏的时机，改变常规思维，变被动防守为主动策略性出击。没有活下去的信念，就几乎没有活下去的机会，就是这个道理。

经过经济危机考验的企业会更有生命力。如今春风吹来，经济复苏，企业就可以借机收购兼并，扩大规模，稳固自我地位，明确竞争优势，进而做出更加适应市场、满足消费者需求的适宜的策略选择。

企业抓住机会就要适时出击，兼收并蓄，寻找积蓄能量的机会。经过经济严冬的洗礼，市场会出现许多资源，比如廉价的"休克鱼"资本、一些被寒冬埋没的人才，还有新的未被重视的科研成果等等。这时如果能够吸收这些东西，就会为企业迅速发展储备下更多的能量。

习惯上，人们将企业间的兼并比作大鱼吃小鱼，或者快鱼吃慢鱼。经济萧条下，许多难挨寒冷的企业呈现"休克"状态，这时趁机收入囊中，更经济、更实用。

20世纪90年代，海尔集团用不到10年的时间先后兼并了18家企业，并且全都扭亏为盈，成为吃"休克鱼"的典型案例。在兼并的18家企业中，海尔并不注重企业现有资产，而是从潜在的市场、活力、效益方面观察对方，并将之喻为"休克鱼"。何谓"休克鱼"？指的是鱼的身体没有腐烂，但生命体征却处于休克状态。比喻企业的硬件还是好的，但由于观念、思想等管理问题，企业停滞不前，产品落后于市场。

吞并"休克鱼"后，海尔迅速为其注入新的管理思想、体系，很快就将它们全部启动，使资产达到14.2亿元，一举实现低成本扩张策略目标。

【试说新语】

企业兼并，是扩大规模的一个手段，并不是说什么企业都能兼并，而是要学会转变观念、调整策略，建立适应市场形势发展的兼并策略，学会在兼并中发展，而不是被兼并拖累，背上新的包袱。只有积蓄了足够的能量，才可以在春天里动如脱兔，抓住机会抢占行业，乃至经济的制高点。

贤人指路　行动不是状态，而是过程。

——路德维希·比尔寇

策略42

漂洋过海彼岸花

——跨区域经营要克服水土不服

【植物精灵】

古时候有一对男女，男的叫彼，女的叫岸。上天规定两人永世不得相见。这反而让他们彼此生出爱慕之心，惺惺相惜，常有顾盼之情。一天，他们不顾天条律法，偷偷见了一面，这不见不要紧，一见面彼发现岸是个丽质如花的青春美少女，岸发现彼是个风华正茂的英俊青年，两人一见倾心，决定生生世世永远不再分离。

不幸的是，上天降下处罚，让他们一个人变成花，一个人变成叶，花开不见叶，叶生花落去，花和叶，生生世世也见不到彼此，人们就给这种花起名彼岸花。

彼岸花适应性比较强，能够漂洋过海，到各地去生存，这也是花名的真实来历。

很多企业为了扩大规模，拓展新的市场，纷纷开始跨区域经营。有的甚至进行跨国经营，把买卖做到了世界各地，就像彼岸花一样，漂洋过海，寻找新的生存领域和生存空间。特别是随着交通的发展，海上和空中运输变得便利，任何空间障碍已经无法构成交流的屏障。通信业、网络的发达，更是令跨区经营如虎添翼，整个世界仿佛一夜间就变成一个统一的大市场。只要你有实力、有能力，就可以到世界上任何一个地方开展你的经营活动。

一方水土养一方人，一方市场需一方产品。企业跨区域经营，免不了要面对的一个问题，就是产品对新市场的适应性问题。不同的地域，由于文化、宗教、生活习俗的不同，人们的消费心理、消费习惯，也会有这样那样的差异，对企业的产品和服务，就会有不同的要求。所以，这就要求企业在跨区经营之前，必须对要进入的市场进行详细深入的调查了解。根据市场的不同情况，人们生活的不同习俗，顾客的不同心理，调整好自己的产品和服务，使之与当地人们的生活习俗相适应，并使销售渠道和销售方式，与之相匹配。只有如此，才能令自己的产品在新的市场落地生根、如鱼得水，不会受到当地市场和顾客的排斥，得到有效的发展。

【案例现场】

摩尔是国际零售业的高端代表，先天就具备很多企业无法企及的特质和优势。它的每个营业店铺体量都庞大，一般都有10万到30万平方米的营业面积，顾客置身其中，就如同进入了商品的海洋，常常流连忘返，欲罢不能。

摩尔在西方世界曾催生了号称"天生购物狂""为购物而生"的购物大军。在世界各地零售业中，也几乎都有摩尔神奇的身影。日本的摩尔店铺数量只占全国零售业店铺的1%，却掠走了全国一年3500亿日元零售额的大部分；摩尔在美国的年营业额也已经超过了100亿美元，瓜分了美国全国零售额的50%还多。

然而，正是摩尔大而全的特色，却使它在中国大陆市场上水土不服，陷入了尴尬的境地。正是应了那句话，"成也萧何，败也萧何"。摩尔由于缺乏对中国大陆市场的深入了解，它大而全的经营模式，反而成了巨大的掣肘。无论是北京的金源，还是深圳的华润万象，摩尔的经营者们除了创造出足够大的经营规模之外，并没有制造出与之相匹配的营业额和效益，普遍的现象是参观的人多，购物的人少，用老百姓的话说是光打雷不下雨。

之所以会造成如此局面，是因为摩尔进入中国大陆时，缺乏对中国大陆文化和人们消费心理的足够了解。摩尔并不了解中国文化的精髓，有即是无，全就是缺，大就是小。摩尔全客群的定位，在大多数消费者眼中就变成了无客群，它越是力图证明自己可以满足每个顾客的消费需求，顾客就越认为它不具特色，无法满足自己的需求。原因再简单不过，很多人不相信18岁的少女和60岁的老人会在同一个地方找到各自需求的东西。

这种哲学观念和消费心理，使摩尔的规模反而成了弊端，特色反而成了无特色，于是水土不服，巨舰搁浅，也就很好理解了。

企业跨区域经营，在规模和效益二者之间的关系上，应该找到一条适应当地文化和当地市场习俗的有效之路。不能简单移植，照搬照抄，应该像彼岸花那样，即使漂洋过海到一个新的环境，也能很快适应环境。当然，跨区域经营，如果坚决保持自己的特色，不入乡随俗，也不失为一种策略。例如麦当劳，就引领了一种新的消费时尚，无论走到哪里，都让那里的消费习惯适应它。这种坚决不变色的经营方式，需要企业产品和服务有非常突出的特色，还需要品牌知名度高，所以做到这一点非常不容易。

企业跨区域经营为自己的产品找到适合的定位和策略，就成为企业扩大规模的一个重要关口。企业对新市场熟悉的程度和深度，很大程度上将决定企业在新市场上的成败。

【试说新语】

企业跨区域经营，要想克服水土不服问题，就应该在进入该市场之前，对当地的文化和习俗进行深入的了解，要做到这一点，可以采用相对应的一些办法和策略。例如，可以委托当地的调查咨询公司，做一次深入的市场调查，调查清楚当地的市场和消费情况；也可以自己派出人员，深入当地，了解当地风土人情以及对待自己企业产品的态度，避免盲目进入；同时，要根据当地市场的需求，调整自己的产品和服务，使之能与当地市场的消费习惯相适应，最大限度地满足市场和顾客的需求。

> **贤人指路** 一个人像一块砖，如果砌在大礼堂的墙里，是谁也动不得的；但是丢在路上挡人走路，是要被人一脚踢开的。
>
> ——艾思奇

巨栲三树连理
——强强联合，建造行业超级航空母舰

　　企业为了扩大规模，谋求规模效益，也常常会进行同行业或跨行业、跨地域的强强联合，共同出资组成更大的企业集团。强强联手，打造巨无霸企业，意图是更大比例地占领市场，谋求效益最大化，就像巨栲连理一样，成为业界航空母舰。

【植物精灵】

　　在某地，有三棵巨大的栲树，虬枝盘曲，盘根错节，纠缠在一起，根本分不清彼此。三棵树都高达60米，每一棵都要十多个人才能合围。三棵大树并排组合在一起，形成了一个巨大的屏障，树荫浓郁，遮天蔽日，共同抵抗各种恶劣天气，成为当地一道亮丽的风景。

　　相传在100多年前，这三棵巨栲就已经生长在这里了。那时候社会不安定，有一次，巨栲后面的村子遭到了强盗的洗劫，周围的乡亲闻讯赶来把强盗团团包围，最后强盗爬到了这三棵巨栲上，却生生被困在树上十多天，最后无路可走，只好投降。乡亲们认为巨栲护村有功，就加以精心照料，直到今天这三棵树仍然郁郁葱葱，生长茂盛。

　　大企业都有着各自强大的优势，无论是市场、资金、技术，还是管理，都是一般企业无法匹敌的。如果两个大企业联手，依靠彼此雄厚的资本和强大的技术支持，再加上共享对方市场的资源，那么产生的叠加效应就会是一加一远远大于二。它们互相联手后产生的效应就像巨栲浓密的树荫一样，令生活在同一市场中的其他中小企业，很难再觅到生存和发展的机会。正因为

如此，众多国际大型企业都开始了联合风暴，在各个经济区域，几乎都能看到大企业联袂出击、共同瓜分市场的身影。例如，几乎所有的国际知名汽车厂商，在中国都有合作伙伴，像上汽通用、本田雅阁、一汽奥迪、日产东风，这些强强联合，很快就使得这些厂商的品牌登陆了中国的汽车市场，完成了对市场的全面拓展和占领。

跨领域、跨行业的强强联合，同样威力巨大。一家钢铁企业与一家房地产企业联手，就可以充分发挥钢铁企业的资本和原材料优势，以及房地产企业的技术和管理优势，使本来只占某市房地产市场20%比例的那家房地产公司经过两年时间，就跃居该市房地产企业龙头地位。双方均获得了巨大的利益回报，实现了巨大的规模效应。

【案例现场】

IBM是世界计算机行业的翘楚，自从《第二人生》在美国3D虚拟世界获得巨大成功后，IBM深受启发，跃跃欲试，把目光瞄准了拥有众多人口和巨大市场潜力的东亚市场。IBM进入东亚市场的策略很简单，就是在东亚找一家网络业界的巨头，联手进军3D领域，实现强强联合，以求快速取得在这一领域的领先地位，成为标杆企业，令后进追随者望尘莫及。

IBM在这个领域有着自己独到的优势，他们凭借自己的优势，选中了中国一家同样在这一领域处于领先地位的优万公司，于2008年春天完成了签约，成为在网络世界里的策略合作伙伴和同盟。他们联手共同推动中国虚拟世界的打造，缔造一个互联互通的网络世界帝国，把3D虚拟世界在中国巨大的市场潜力的前景挖掘出来，达到垄断市场的目的。

他们联手打造的项目是开启《由我世界》。这是个3D网络和虚拟世界工程，双方利用各自的技术优势，展开一系列的深度合作，IBM在支撑系统、软件构架、业务模式等方面提供全面的业务服务，将《由我世界》接入IBM虚拟世界互联互通平台，打通业务通道。由优万公司提供平台营运商、企业客户、个人客户的业务模型，以此来满足3D虚拟世界的广大客户的业务需求和消费需求。

他们的强强联合在两年后显出成效，由于《由我世界》根植于当地强大的文化之中，做出了很多符合中国大陆消费者心理需求的设计，因此成为紧随美国《第二人生》之后大陆消费者的首选。

强强联手已经成为越来越多的大企业进军海外市场、扩大企业规模、拓展经营领域、占领更大市场的锐利武器。经济复苏，更是给它们提供了新的市场机遇。企业如何抓住机遇，根据市场需求，选择好自己预谋发展的行业或者领域，然后寻找到另一业界巨头，共同开辟新的市场和领域，寻找到新的利润增长点，是企业谋求扩大规模的战略性决策。如能合作成功，将为企业开辟一条新的高速发展之路。

大企业之间的联手合作，方式有很多，可以是市场的合作，可以是资金的合作，当然也可以是技术的合作。只要能做到优势互补，资源共享，互为倚重，自然能够取得高效的业绩，成为行业的"巨无霸"。例如美国埃默森为海尔做配套服务，日本三洋等，同样是为海尔做压缩机配套产品，这样的合作，均为各自的企业赢得了巨大的发展空间。集群化的强强联合，共同分担了市场风险和资金压力，使各自的企业都得到很好的发展。

【试说新语】

企业如果规模足够大，不妨走与其他大企业联手开辟新市场的强强联合之路。企业要根据自己的发展需要，选择符合自己策略要求的企业进行联手。合作过程中，双方应本着互惠互利的原则，在平等的基础上，各自发挥自己的优势，取长补短，共同打造新的市场、新的盈利平台，并共同分担各种经营风险。在经济复苏中，只有发挥集团优势，才能抢占市场的先机。

贤人指路 若不团结，任何力量都是弱小的。

——拉封丹

向强者看齐

彼得·尤伯罗斯：生意成功方程式

经商是对各种资源的最佳利用，借钱也是资源利用的重要手段，拥有借钱的能力也是经营者必须具备的一种才能。在商战中，借用资金来实现自己的目标，是一种非常精明的经营策略，无论是银行的钱，还是股民或其他企业的钱，一进入企业的口袋，就是企业的资产、企业的经营资本。如果能将借钱的能力与运用资金的能力巧妙结合，就会打造出一个商界的奇才。彼得·尤伯罗斯，就是这样一位奇才。

商界权威华那卡曾总结出生意成功的方程式，那就是生意成功＝他人的智慧＋他人的金钱。尤伯罗斯很好地利用了这个方程式，实实在在地为他担任副董事长的美国第一旅游公司赚了个盆满钵满。

尤伯罗斯的成功案例就是他靠着非凡的"借钱术"，在担任第23届洛杉矶奥运会筹委会主席时，为奥运会赢利1.5亿美元，这堪称奥运举办史上的奇迹，可谓开天辟地第一回。众所周知，奥运会是全世界最热闹的体育盛会，但一直以来也是穷得叮当响的体育赛事。直到之前一届莫斯科奥运会，每次都留下了巨额的亏损。举办奥运会，除了影响力大，就是一个沉重的包袱。在这种情况下，尤伯罗斯站了出来，他领导的筹委会明确提出，不要政府提供任何财政资助，不用政府掏一分钱。这样天大的好事，不仅乐坏了美国政府，更乐坏了国际奥委会，因为这让他们看到了奥运会新的希望。

没有资金当然办不了奥运会，尤伯罗斯十分清楚这一点。于是，他划时代地提出了一个天才的奥运赞助计划，用别人的钱来办奥运，还要发一笔大财。他不仅发出了只需要30家赞助单位的消息，更表示每一个行业里只需要一家赞助商，这样，30家企业中每家的赞助金额不得低于500万美元，并且赞助条件非常苛刻，必须遵守奥委会关于赞助的有关规定和标准，不得提出额外的要求。这样一来，就激起了各行业的商业巨头们的激烈竞争，好胜心使他们纷纷抬高赞助的价码，仅此一招，尤伯罗斯就筹集到了3.85亿美元的巨款。同时他挑起了美国三大电视网的独家转播权的竞争，然后以2.8亿美元的天价把电视转播权卖了出去，又以7000万美元的价格把广播权卖给了世界各地。

尤伯罗斯不仅借钱，还借人，他号召洛杉矶民众无偿为奥运会服务，由此成功地借到了三四万名志愿者。而他付出的代价只是一份廉价的快餐和几张免费的门票而已。仅此一借，就为尤伯罗斯节约了几亿美元的经费。

尤伯罗斯生财有道，条条大路通罗马。他不仅利用奥运火炬传递筹集到4500万美元，还提前一年出售门票，又赚得了不少利息。

通过种种高招，尤伯罗斯共计为奥运会筹到6.19亿美元的资金，而支出为4.69亿美元，净利润达到1.5亿美元。结果一经公布，立即引起了整个世界的轰动，在此之前，没有人想到举办奥运会还能赚钱，而尤伯罗斯想到并做到了。他创造了一个奇迹，开创了奥运会举办的新时代。

第九章

有些花草永不倒

——栽下品牌常青树

策略44
满园春色关不住，一枝红杏出墙来
——打造自己的品牌

品牌不仅是一个企业的形象，也是企业的竞争力。没有品牌的企业，就像一个人没有名字，让人无法识别，更无法让人记住。品牌不等于产品，它是产品的身份证，有了品牌，产品就有了与其他产品相区别的标识。

【植物精灵】

宋代有一位诗人叶绍翁，想去朋友家游园看花，却得友不遇，园门紧闭，无法观赏园内的春花，正在为游园受阻而扫兴之时，却看到墙头的一枝杏花，从院墙上伸到了院外。他看了特别高兴，就吟出"满园春色关不住，一枝红杏出墙来"的美妙诗句。

企业经营，要想长期稳定发展，就必须打造自己的品牌。经济危机过后，正是打造企业自己品牌的好时机，因为这个时期，市场空缺大，品牌空白多，如果企业能抓住机会，实时推出自己的品牌，无疑能先入为主，赶在竞争者之前，引起市场和顾客的关注。

品牌是一种能给企业带来增值效应的无形资产，一般是由名称、符号、象征、设计或它们的组合构成。与有形的产品不同，品牌是一种无形资产。这一特性，使品牌不同于产品，它有着自己独特的价值。企业的品牌塑造过程，其实就是企业开拓市场、与顾客进行沟通的过程，它的建立完全是出于市场竞争的需要。要想从众多的竞争者中脱颖而出，首先就要被顾客识别出来；同时，在顾客使用具有品牌标识的产品的过程中，要让他们记住品牌，以便唤起顾客再次购买的欲望。经过多次巩固，顾客对品牌涵盖的产品会产生一定的依赖心理，进而成为企业的忠诚顾客。

【案例现场】

NIKE是世界知名的品牌，听到这个名字，人们自然就想到那些驰名的运动鞋。这一品牌的建立，也经历了很长的过程。NIKE的老板菲尔·奈特算不上商界奇才，最初他还差点为自己的产品命名酿下大错，他曾给自己的产品起名为"第六维"，幸好他的第一个员工约翰逊提出了不同的意见，认为这个名字冗长拗口，难以记忆，还不如叫"NIKE"算了。好在奈特不是个固执的人，接受了约翰逊的建议，决定叫"NIKE"。

其实，约翰逊的灵感来自他做的一个梦。他梦见了传说中的希腊胜利女神Nike，觉得这名字不仅谈起来上口，还有文化意蕴，所以他就把这个想法告诉了奈特。试想如果当时奈特不接受约翰逊的建议，那么人们今天可能就穿不上著名的NIKE鞋，看不见那个简单又充满魔力的NIKE钩了。

产品有了一个好的名字，奈特又想为自己的产品设计一个标志。那时候奈特的公司经营状况不是很理想，为了多赚点钱贴补家用，他找了一份兼职工作，在一所大学里担任会计学教师。于是他趁便把设计产品标志的工作，交给了这所大学艺术系的女学生戴维森，让她设计几个方案给他看。奈特除了希望标志能体现运动产品的动感以外，也没提什么太具体的设计要求，加之戴维森并未进行过几次产品标识设计，没有什么设计经验，所以在最短时间内设计出来的几个标志，奈特都不满意。但他也没有耐心再让戴维森重新花费时间进行设计，只是从中挑选了一个他认为看起来还算舒服的大钩，并丢下了一句话："我并不喜欢这个标志，但它会伴随我一起成长。"没想到这句话后来成了一句名言，与NIKE、NIKE钩，共同成为NIKE品牌的重要组成部分。

品牌代表了企业的特点，通过品牌，人们可以认识产品、熟悉产品，并凭借对品牌的区别，来选择购买产品。世界上的知名品牌很多，正是依据这些品牌，消费者才能轻松找到自己需求的产品，例如想买运动鞋会想到

Nike，想买汽车会想到奔驰，想买饮料会想到可口可乐，这都是品牌的功劳。不同的品牌代表了不同的产品特征和产品质量，表达着不同的文化背景和设计理念，传递着不同的心理要求目标，消费者通过这些信息，就能清晰地感知到这些品牌代表的产品与自己的消费需求心理是否吻合，做买或不买的选择。

【试说新语】

品牌的打造是以企业提供的产品和服务的质量为基础的，并常常会附着文化、情感、理智等丰富的内涵。所以，企业在打造自己的品牌时，首先要保证产品或服务的质量；其次，要为品牌注入一定的文化质量和情感因素，使品牌充满信任度、吸引力和追随者。并在此基础上，逐渐使品牌获得顾客的认可，具有较高的社会知名度。只有如此，才能发挥品牌的增值功能，成为一个真正的名牌。

贤人指路 要摘取果子的人必须爬上树。

——富勒

策略45

吃瓠瓜无留种
——不可只顾眼前利益

品牌的打造是个长期的过程，其中产品的质量和企业的信用往往会起到至关重要的作用。品牌不是企业自己单方面造出来的，是企业与市场和消费者互动的结果。在互动的过程中，企业的产品和服务逐渐得到市场和消费者的认可，那么这个品牌就会一步一步建立起来。任何企业，凭空造品牌是造不出来的。只靠广告堆积，而产品质量差，企业信誉低劣，不仅造不出品牌，还会自掘坟墓，加速企业的灭亡。吃瓠瓜无留种，只管眼前那点利益，是打造不出知名品牌的。

【植物精灵】

有一个勤劳的青年，在山下小溪边种了一棵瓠瓜，春天浇水施肥，夏天捉虫打蔓，瓠瓜长得特别好。到了秋天，收获了很多瓠瓜。正巧村里有个懒婆娘，她太懒了，总是吃了上顿没下顿，青年很善良，就经常去接济她。有一天，懒婆娘又来讨吃的，青年就劝她说："你这样下去可不是个办法，这样吧！我送你几个瓠瓜。你把种子留下来，明年开一块地，等到瓠瓜成熟，就可以拿到集市上卖，日子就会好过一些。"懒婆娘听了，连连点头称是，她将瓠瓜拿回家吃了，种子晒干用布包了起来，打算明年种。有一天下雨，懒婆娘找不到东西可吃，突然想起那包瓠瓜种，就拿出来，像嗑瓜子一样嗑了一颗，感觉真好吃。她心想，再吃一颗吧！于是又吃一颗，感觉不过瘾，心想再吃最后一颗，就坚决不吃了，每吃完一颗她就劝自己一次，结果，一包瓠瓜种子很快被她吃光了。第二年春天，青年早搬家走了，懒婆娘想要几颗种子，也没了机会。这一年，她什么也没有种，后来青黄不接，没有人接济她，就活活饿死在床上了。

打造品牌不是简单的销售产品，消费者购买了一次产品和接受了一次服务，不等于认可了品牌。一次好感并不足以促成消费者连续购买某一品牌的产品，而是要经过反复的累积，累积出更多的感情，才能达成对品牌整体的认可和依赖。起初的产品和服务消费，是消费者对产品利益的需求，是对产品使用价值的认同，要想把这种需求转化为对品牌的认可和依赖，企业必须要有长远的眼光。不仅产品质量要上乘，服务要周到，而且要在社会的大环境中，满足消费者更多层次的需求，包括心理需求和情感需求，甚至是荣誉需求。所以，产品质量和企业信用就是企业塑造品牌的主要力量。这种力量的长期累积和对市场及消费者的潜移默化的影响，才能将品牌打造成形，推向社会的前台。

【案例现场】

日本有个企业家藤田先生，他是靠取得麦当劳汉堡在日本的总销售权，为日本所有的麦当劳快餐店供应汉堡而发达的。但他最初，却是以推销餐用刀叉谋生的。

有一年，他与美国油炸食品公司签订了一单供应300万套刀叉的契约，但由于某些不可抗拒原因，如果采用海洋运输，藤田根本没有任何可能按期交货。而美国油炸食品公司主管是个犹太人，视信用为至宝，如果藤田不能按期交货，就会信誉扫地，再也别想找到接下去合作的机会。思来想去，藤田想出一个办法，他租下了一架波音707，直接用客机将300万套刀叉空运到了芝加哥，按时把货物交到了顾客手中，虽然这次生意亏损巨大，但藤田保住了信誉，也保住了自己的买卖。

第二年，美国油炸食品公司再次向他订购刀叉，这次的契约是600万套。这次意外同样发生。如果藤田用海运，将依然不能按时交货。所以，他只好再次租用波音707客机为自己运送刀叉。藤田的这两次生意，都赔了本，但他却收获了金钱买不到的东西，那就是信用。由于他良好的信誉，他很快受到了商界的一致褒奖，为此，他赢得了美国麦当劳汉堡在日本的总销售权，终于获得了经营上的成功。

企业在打造品牌时必须在服务等多方面维持良好的信誉，这就要求企业必须有一个长久的品牌策略规划，不能只为了眼前蝇头小利，而不顾品牌的信誉，要像藤田先生那样爱护自己的信誉，哪怕遭受经营上的亏损。品牌建设是一个长期的、连续的累积过程，必须从点滴做起，从小事做起。

【试说新语】

企业打造自己的品牌，要着眼于未来，制定长远的品牌发展策略和计划。要实时把品牌所具有的特质传递给市场和顾客，始终与市场保持良好的互动，用持久的良好的品牌形象，打动消费者，影响社会，建立起品牌持久的影响力，使品牌成为消费者和企业之间最可靠的桥梁，把消费者牢牢吸引到企业的身边。

贤人指路 世间没有一种具有真正价值的东西，可以不经过艰苦辛勤劳动而得到。

——爱迪生

樱桃好吃树难栽

——维护品牌从小事做起

品牌建设是个长期而艰巨的工程，维护一个品牌，需要从日常做起，从小事做起，坚持不懈，持之以恒。俗话说，樱桃好吃树难栽，这句话的起源虽已无从考证，但其中的道理却引人深思。对于一个企业来说，要建立一个品牌是非常不容易的，而毁掉它却可能不费吹灰之力。一件小小的事情处理不慎，就可能令企业辛辛苦苦打造出来的品牌变成了过街老鼠，给企业带来灭顶之灾。

【植物精灵】

樱桃号称百果第一，相比其他水果，富含铁元素，但它在科技不发达的年代很难栽种，所以人们都说"樱桃好吃树难栽"。

据传樱桃本名为"含桃"，因为人们发现这种色泽鲜艳，晶莹剔透的小果实常常被黄莺含在嘴里。故而称之为"含桃"，而久而久之，黄莺之莺也被讹作了"樱"字，黄莺所含之桃也就成了樱桃。

要维护好一个品牌，就像栽种樱桃树一样。不仅要防旱防涝，更要悉心呵护，防虫防害。因此，企业要维护好品牌，必须从小事抓起。当企业短期的效益与品牌发生冲突时，企业应该立足于长远，以品牌为重。当然，企业在品牌初创时期，都会面临着该追求短期效益还是长期利益的痛苦抉择。很多企业往往很难抵挡短期利益的诱惑，难以处理好产品和品牌之间的平衡关系，为了获取短期利益最大化而不惜牺牲品牌的长远利益。最终，因企业的品牌失信于市场和消费者，而遭到唾弃。

【案例现场】

福特汽车家喻户晓，但其发展之路并非一帆风顺。其创办人亨利·福特因为文化水平不高，对管理一窍不通，还非要承担经营管理工作，导致两次创业都失败了。好在亨利·福特是个意志坚定、愈挫愈勇的人，不久，他又开始了第三次创办汽车公司，这次，他汲取了前两次的教训，聘请汽车界著名的专家詹姆斯·库慈恩斯出任公司总经理。库慈恩斯上任伊始，就为公司制定了一套完整的管理制度，并采用了当时世界领先的流水线作业，大大提高了福特汽车的质量和性能，提高了生产效率，使得"N"型和"T"型福特轿车很快就风靡全美、畅销世界，第一次把福特公司推向了鼎盛。

正在这个时候，老福特突然对总经理这个位置发生了浓厚的兴趣。可能是老福特经过几年对库慈恩斯经营管理过程的了解，感觉管理不过如此吧！他自信已经有能力管好企业了，就辞退了为福特发展奠定坚实基础、立下赫赫功劳的库慈恩斯，开始实行个人家长式的专制独裁。

没有制度做保障，很快整个企业的经营管理就陷入极度的混乱之中。任人唯亲、嫉贤妒能，互相倾轧、钩心斗角，素质低下、人浮于事，在担任企业高级领导职务的队伍中，竟然找不出一个大学本科毕业生。技术管理无人问津，财务管理混乱，报表原始落后，既无预算，也无决算。连死去多年的老工人，工资单上也赫然在列，工资照领不误。工厂车间更是混乱不堪，工人消极怠工，组织纪律涣散，生产效率低下，公司渐渐滑落到破产的边缘。

在即将倒闭破产的严酷现实面前，老亨利·福特不得不低下了头，承认自己的失败，把公司交给自己的孙子亨利·福特打理。

亨利·福特二世掌管企业后，立即重金聘用了通用汽车公司副总裁欧内斯特·布里奇担任公司总经理。经过布里奇的拨乱反正、大力整顿，只用一年时间，福特公司再次起死回生，扭亏为盈，显露出勃勃生机，并很快跃升为美国第二大汽车公司。不幸的是，历史总是惊人的相似，福特二世很快继承了祖父的"优良"传统，一步一步剥夺了布里奇的经营管理权，独自发号施令，掌管公司一切经营管理事务。结果可想而知，公司管理日益混乱，效益江河日下，历史又开始了新的轮回。

综观那些百年不衰的著名品牌，都会有一个共同的特点，它们的品牌维护，都是靠看不见的企业文化在支撑。这种企业文化虽然外在表现各不相同，但却蕴含着一个普通的道理，那就是每个企业都有一个长期品牌发展的策略方针。这种方针始终贯穿于企业经营和管理的各个方面，绝不允许有任何对品牌的伤害行为。这种品牌信念，随着企业文化的不断延伸和深入发展，不断带来品牌的质量提升，最终使品牌上升为一种文化象征和符号。SONY如此，奔驰、西门子、可口可乐、雀巢等众多的世界名牌，无不如此。

【试说新语】

企业初创品牌，维护品牌，要坚持品牌对顾客的价值高于产品的价值。只有如此，企业的品牌建设才有着力点，才能承受得住市场和顾客的检验，进而打造出企业的核心竞争力。

> **贤人指路** 不存在的事物可以想象，也可以虚构，但只有真实的东西才能够被发明。
>
> ——罗斯金

策略47

人参无脚走万家
——软传播的持久效应

【植物精灵】

有两个兄弟去深山里打猎，打了很多的猎物，却遇上了大雪，被大雪封在了深山里。他们只好躲进一个山洞中，靠吃打到的猎物维持生存。很快猎物被吃光了，两人只好出去到洞边寻找野菜充饥。

有一天，他们找到一种人形的植物根，吃起来味道甜丝丝的，于是就挖了很多拿回来充饥。他们发现吃了这种东西让人浑身长劲，但吃多了就会流鼻血。所以每天只能吃一点，维持生存。转眼春天来了，冰雪融化了，兄弟俩就带着一些人形的植物根下山了。村里人以为他们早死了，见他们安全地回来，纷纷询问是怎么活下来的。兄弟俩就给人们看了带回来的人形植物根，并讲了靠这种东西活下来的经历。人们纷纷称奇，就把这种植物根叫人生，就是能够让人活下来的意思，后来改称人参。从此，人参的神奇传遍了天下，成为人间最尊贵的补品之一。

人参是一种植物，却可以"转胎"，也就是说，人参具有再生能力。假如人参芽孢受到动物或昆虫的损伤，这个芽就会停止生长，人参根就在土壤里休息一年，来年重新长出芽孢，继续开始生命之旅。

人参无脚走万家，它不用自己宣传，就已经深入人心的。企业的品牌要想深入人心，借助口耳相传手段不失为一种持续长效的办法。大家都知道有一曲校园歌曲，叫《外婆的澎湖湾》，这首歌让澎湖湾扬名海内外，一跃而成为著名的休闲旅游胜地，这样的宣传效果比耗费巨资长年累月的强力广告效果不知要好上多少倍。这就是软传播的巨大威力。

经过经济危机的荡涤，很多企业遭遇到了品牌传播滞涩的困惑，全方位立体化持久战地打广告，效果日渐式微。这种硬传播虽然信息量大，密度大，但传播内容单调，方式简单重复，视角固定单一，天长日久，受众不仅会产生视觉疲劳，而且容易产生厌恶反感。而软传播讲究的是潜移默化，着眼于品牌形象传播的视角，从边际内容入手挖掘品牌传播的途径，用随风潜入夜的方式慢慢地渗透到人们的头脑和心灵中去。

【案例现场】

在一个封闭的偏远小镇上，镇上的人们只能收听到两个广播电台的节目。第一个电台的节目内容，主要是广播名人消息、明星访谈、热门歌曲排行榜等娱乐八卦节目，镇上的大部分人都是它的忠实听众。第二个则是气象部门的专业电台，只播放与气象相关的内容，它在小镇的收听率很低，只有很少一部分人听。有天晚上，气象电台发布了一个紧急警报，警告居民说，一场威力巨大、破坏力极强的龙卷风，将在午夜来临时袭击小镇，呼吁小镇上的人们立即疏散到别的安全的地方去。正在收听气象电台的那一小部分镇民，不敢怠慢，立即行动起来。有的急忙跑去找镇长汇报情况；有的跑上大街，敲锣打鼓通知镇上居民；有的打电话给第一个电台，请求播出龙卷风即将来袭的消息，让更多的人知道情况的严重性。当镇长听了汇报后，对众人说："本镇从来没有发生过龙卷风，这个消息可能是电台的误播，也可能是为了提高收听率故意捏造的。"镇长是个德高望重的人，平时人们都非常信任、尊敬他，他这么一说，众人都说那些敲锣打鼓散布消息的人是疯子，于是各自回家收听第一个电台的节目去了。而第一个电台以正在直播现场访问名人节目为由，拒绝了镇民关于播出气象警报的请求。结果到了午夜，不幸的事情不可避免地发生了，小镇被龙卷风夷为平地，不复存在。

这是一个硬传播和软传播交织作用的故事。第一个电台靠软传播赢得了听众和收视率，第二个电台靠硬传播完成自己应该完成的使命。得到龙卷风消息的镇民，通过硬传播把消息传递给了镇长和镇民，而镇长以日常口耳相传树立的形象，赢得了镇民的信服，结果大家误信了镇长的判断，导致整个小镇遭受了灭顶之灾。在这个故事中，软传播的强大威力得到了充分显现，而硬传播在这关键时刻却遭受质疑，显得苍白无力。

要发挥软传播达到企业品牌形象传播的作用，一般要遵循三个原则：

第一，从平民视角出发，不能像硬传播那样居高临下，俯视受众。如果传播什么，怎么传播，完全从自身立场考虑，以自己的需要看待问题，就会给人一种强行灌输、难以接近之感。相反，如果像熟人朋友见面那样，平等相待，亲切随和，增强交流感和认同感，那么，受众就会在不知不觉中接受并认同企业的品牌形象。

第二，从边际、周边开始渗透，逐渐深入，细腻地挖掘贴近公众生活、符合公众日常情感需求的人和事，同时注重亲和力和感染力，潜移默化，慢慢浸润，就能逐渐深入人心，取得较好的效果。

第三，采用轻松、温柔的方式打动受众，不过强，不过硬，不灌输，不强迫。内容不要千篇一律，生硬死板，要亲切诉说，娓娓动听。

【试说新语】

从口耳相传的实际应用来看，一般有以下几种传播方式：流传企业故事、品牌故事，创办企业内刊，树立企业老板公众形象，创作企业之歌，开设企业网站，开通企业博客，聘请企业形象代言人，编辑出版企业书籍，举办企业联谊会等等。这些方法应根据企业自身实际，综合运用，灵活运用，不可照搬照抄，生搬硬套，否则只会画虎不成反类犬，影响企业品牌形象，起到反作用。

贤人指路 当你在做交易时，首先考虑的不应该是赚取金钱，而是要获得人心。

——佚名

洛阳牡丹甲天下
——品牌就是竞争力

经济危机过去，整体经济开始复苏，品牌成为企业抢占市场、谋求长期生存和发展的内在动力和关键因素。在全球一体化的经济格局中，企业的核心竞争力逐渐演变成品牌竞争力占主导地位的局面。"洛阳牡丹甲天下"这句话，就是一个典型的品牌竞争力的案例。

【植物精灵】

牡丹是花中之王，雍容华贵，历来为天下贵族公卿、文人雅士所推崇，其中又以洛阳牡丹最为闻名，自古就有"洛阳牡丹甲天下"之说。

武则天是历史上第一位女皇帝，威仪四方，天下臣服。有一年冬天，她在上苑游玩，边喝酒边欣赏雪景。喝醉后，她在一块白绢上写了一首诗，诗中说："明朝游上苑，火速报春知。花须连夜放，莫待晓风吹。"意思是，明天我还来上苑玩，快点报告春知道，所有的花都要连夜开放，不要等到早晨风吹来。写完让宫女在上苑烧掉，以此来通知花神知道。百花仙子接到武则天的诏令，急忙命令众花开放。第二天，所有的花都按时开放了，唯独牡丹没有服从武则天的命令。武则天一怒之下，命令宫女烧毁了上苑所有的牡丹，并将其逐出长安，扔到洛阳的邙山去。邙山偏僻凄凉，武则天的目的就是想让牡丹绝种。谁知道牡丹不仅活了下来，还比以前更加艳丽华贵了。

品牌是企业最有价值的无形资产，具有特殊的附加价值，是现代企业最为重要的核心竞争力。一个能长期在市场上不断发展壮大的企业，一定有其品牌核心竞争力。这种品牌竞争力，需要不断培养、维护、巩固以及完善。

它通过产品和服务使企业的竞争力在市场上得以商品化，并逐渐物化出来，化为胜果。

品牌的建立，是企业在与市场和客户之间相互信任、互动交流的基础上，不断累积演化而成的。为此，企业的品牌管理应该是感性与理性的完美结合。

首先，要让品牌具有足够高的知名度，其目的是让客户获得关于企业、产品和品牌的足够信息，充分了解品牌的内涵和质量。

其次，要与顾客建立起良好的互动关系，进而让顾客对品牌产生信任。

最后，通过产品和服务交流，培养顾客对品牌的忠诚，使之产生对品牌的依赖感。这样，企业和顾客之间水乳交融，紧密合作，才能进一步促进品牌的稳固和持久发展。

【案例现场】

1913年，香奈儿创立于法国巴黎。这个品牌旗下的产品门类众多，包括服装、珠宝首饰、香水、化妆品等，多数为女性专有产品。它的每一种产品都闻名天下，畅销不衰，尤其是时装和香水。一看到这个著名的品牌，人们就会想起那高雅、简洁、精美的女性时装，还有令女性永远着迷的香奈儿五号香水的迷人芳香。

关于香奈儿创办人香奈儿女士与香奈儿五号香水的故事颇耐人寻味。香奈儿五号，应该说是来自于香奈儿女士的幸运数字5，当众多的香水样品摆在她面前的时候，她毫不犹豫地伸手选择了第五支香水。她说："这就是我所需要的，一种截然不同于以往任何其他的香水，这才是女人的香水，气味香浓，像令人永难忘记的女人。"这种女人直觉式的选择，可能令她错过了那些真正的好香水，不过，有时候女人的直觉是对的，就像香奈儿女士的香水理念一样："要强烈得像一记耳光那样令人难以忘怀。"香奈儿五号为香奈儿带来了成功，虽然它对大多数女人来说，真的有点像"一记耳光"让人难以忘怀。

这种混合了众多香精的香水，让人耳目一新，也让人记住了香奈儿这个品牌。作为香奈儿五号香水，并非只需要持久的香味，而是所有人都想忘记，却始终没有人能够忘记。

对于企业来说，拥有市场和顾客就意味着品牌的成功，可以说品牌就等于市场。衡量企业品牌竞争力的重要标准，就是看企业如何满足顾客需求和维持企业与顾客之间的关系。为此，企业品牌管理的重要策略就是把顾客的信息作为策略性资源来管理，准确评估顾客的持续价值，时刻满足顾客不断提升的期待。做到了这些，企业品牌的竞争力就会始终保持与市场和顾客的需求同向，并不断提升。

品牌就是竞争力，这已经毋庸置疑。这不单是企业提高产品质量、降低生产成本和进行营销促销就能解决的问题，品牌的竞争力，已经逐渐演化成企业与顾客之间培植彼此亲密关系的一种沟通能力。

【试说新语】

企业如何建立品牌，发挥品牌的竞争力，是企业长期而艰巨的任务。把品牌转化成企业的无形资产，让消费者心甘情愿地成为品牌的拥有者和依赖者，使其对品牌的需求常态化，进而为企业提供足够的利润增长空间，把品牌的竞争力转化成企业长久的利益渠道，推动企业向前发展，至关重要。

> **贤人指路** 每一点滴的进展都是缓慢而艰巨的，一个人一次只能着手解决一项有限的目标。
>
> ——贝弗里奇

向强者看齐

百事可乐vs可口可乐：把鸡蛋放在篮子里的不同方式

有人说，不要把鸡蛋放在一个篮子里。很多人认为这句话有道理，但可口可乐不这么想，它一直坚持把鸡蛋放在一个篮子里。而它的追随者，最大的竞争对手百事可乐，却从善如流，毅然把鸡蛋放在了不同的篮子里，结果如何呢？不妨让事实来说话。

可口可乐和百事可乐这对冤家，持续竞赛已达百年，可口可乐长期占据市场主导地位，百事可乐长久以来一直生活在它的阴影下，力图摆脱，又总是落后半步，但这种局面近年来有了改观。可口可乐始终坚持如一，它所有的利润收入都来自百年不变的饮料产品，而百事可乐则试图走产品多样化的道路，力图用众多的产品花样，拓展收入来源，超越可口可乐，这一招逐渐显露出成效。

百事可乐把鸡蛋不仅放在了可乐的篮子里，还放在了零食的篮子里，同时，饮用水和果汁饮料也成为它"放鸡蛋的新篮子"。这就保证了百事可乐收入来源的多渠道化，正像有人评价的那样，两者相比之下，百事可乐的模式更胜一筹。因为当一个市场阴雨连绵时，可能另一个市场正阳光灿烂。这就保证了它不会像可口可乐那样高风险，不会脆弱到经不起一次大的市场风险。

百事公司是仅次于雀巢、卡夫和联合利华的全球第四大食品和饮料企业，它旗下除了百事可乐，还有Aquafina饮用水等16个品牌的产品，仅这些品牌，每年就要为百事可乐创造10亿美元以上的营业收入。在全美超级市场15个最畅销的食品和饮料产品品牌中，百事公司就占了6项，不仅比可口可乐，而且比其他任何公司都要多。2005年，百事公司的年销售额达到了290亿美元，而可口可乐的年销售只有220亿美元，百事公司第一次完成了对对手的真正超越。

双方在投资者眼中的际遇也开始发生了变化，百事公司成了投资者的新乐园，而可口可乐却日渐显出萧条的气象。自从可口可乐被投资巨鳄巴菲特收入囊中后，要想让可口可乐把鸡蛋放在更多的篮子里，又有了新的困难。

　　在国际市场的竞争上，百事公司没有与可口可乐针锋相对，它避开了可口可乐的优势，而是用零食产品放手一搏，并收到了良好的效果。它的海外营业收入，并不比可口可乐差，甚至已经超越了对手。

　　百事可乐与可口可乐的竞争，还将继续上演下去，关于把鸡蛋放在几个篮子里才最安全，这样的争议也将继续下去。究竟哪种模式更好，一切都得由市场说了算。

第十章

有些花草根基牢

——企业文化是永动机

策略49

未出土时先有节
——像竹笋一样规划好企业的策略

企业策略又称企业宗旨，主要指企业存在的目的以及对社会发展的某一领域、某个方面所承担的责任和应做的贡献。企业愿景是企业的理想和未来发展的蓝图，也是企业策略设想。企业策略和企业愿景，都是企业对于自身未来发展和担负使命的一种承诺和前进的目的方向。

【植物精灵】

托塔天王李靖，有一次奉玉皇大帝之命，下界捉妖。妖精是一个蜘蛛精，会使用套马索，就和李靖在一片山坡上打了起来。蜘蛛精战不过李靖，就抛出了套马索，把李靖的宝塔给套走了。妖精拿到宝塔后就逃进了洞中，再也不敢出来了。李靖丢了宝塔，只好收兵回天庭去了，宝塔最后被妖精埋在了树林里。

一天，李靖带着雷公、电母下界找宝塔，一阵电闪雷鸣过后，也没有找到宝塔，李靖急得大哭起来，眼泪滴在了树林中。第二天，埋宝塔的树林就长出了一棵竹笋，与宝塔一模一样。可惜，李靖再也看不到了，他丢了宝塔，被玉帝贬回陈塘关老家了。从此，宝塔为了让李靖看到，就长成了高大的竹子，而且年年都会冒出新笋，盼望李靖能够看到，再把它带回到天庭。

竹子在未发芽时，就已经定好了节数，就算直冲云霄，也不会有新的竹节生成，这是竹子的特点。挖一根竹笋，就知道它长大后有多少节。

企业策略和企业愿景就像竹子未出土时先有节一样，在企业成立之初就要规划好。企业策略和企业愿景不仅提出了企业未来的任务和使命，也显示了企业要完成这些任务和使命，需要采用怎样的行为规范等等。尽管每个企业的策略和愿景各不相同，但都基本表达两个方面的内涵：一个是表明了企业存在的目的，就是企业是干什么的，将按照什么原则行事；另一方面表明这一企业有别于其他企业的形象特点是什么。

目前，许多企业都在实施"策略管理"和"愿景管理"，其本质和内涵是相同的，都是用策略和愿景指明企业的前进方向，并以此作为企业一切经营活动的纲领。进而围绕企业的策略目标，做出各种经营计划，开展各种经营活动，做到有计划、有目的地实施企业的各种管理和经营活动。并用策略和愿景来激发与增强企业员工的服从意识，提高企业员工的忠诚度，增强企业的凝聚力，激励员工的斗志，提高员工的执行力，为实现企业的长久目标而共同努力和奋斗。

【案例现场】

曾经名噪一时，以2亿元天价勇夺中国大陆央视广告标王的秦池集团，几乎家喻户晓，白酒销售额最高年份曾达到16亿元。但仅仅经过3年时间的繁荣，秦池就在大家的视野里彻底消失了，究其原因，就是秦池一直没有明晰的策略规划和策略目标。虽然秦池酒靠广告快速获得了高额的资本累积，但它并没有把精力用在打造绿色秦池这一有着巨大发展潜力的白酒品牌上，而是为了追逐短期利润，盲目投资自己不熟悉的保健品行业，结果不仅没有开发出吸引消费者的保健产品，而且也使一夜成名的秦池酒一败涂地。

人无远虑必有近忧，企业经营也是如此，如果秦池能抓住"绿色秦池"的特色，制定出长远的策略目标，围绕自己产品的绿色环保这一社会价值，打牢基础，也许就会有着截然不同的另一种命运。很可惜，投机心理和短视行为使秦池盲目地追逐市场热门行业，以为只要靠自己强大的广告支撑，就能迅速打开市场，而不必考虑将来如何。这种只顾眼前的经营行为，虽一时侥幸赚取高额的利润，但最终会迷失方向，跌倒在失败的泥沼。

卡内基对此曾有一个非常生动的比喻，他说："没有确定策略的企业就如无家可归的流浪汉一样。"很多企业就是既没有远景规划，也没有追求的长期目标，而是靠市场机会主义侥幸生存。管理学家德鲁克就曾尖锐地指出："企业经营所受的挫折和失败，很大程度上归因于对经营目标的忽视。"事实上，如果企业处于激烈的市场竞争中，却没有方向感和贯穿始终的经营策略、经营目标，不知何去何从，那么它的结局只能有一个，也是所有企业最不想看到的结果——破产倒闭。

企业的策略和愿景，是企业的行动纲领，尤其是面临经济复苏、市场百废待兴的局面。企业要想重新振兴，必须对企业的发展目标和发展前景进行详细的规划，并在企业策略的指导下，紧紧围绕企业的长远目标，稳扎稳打，一步一个脚印地前进，才能使企业始终不偏离自己的方向，最终成为市场上的常青树。

【试说新语】

企业制定策略规划，要立足企业的现实和所处行业的市场状况，以及行业的未来方向，不能好高骛远不切实际，也不能畏首畏尾举步不前。企业制定愿景，要既能操作实施，又能指引方向，对企业的发展起到指引和规范作用，同时适应企业不断发展的需求，使企业的经营不盲目、不冒进，按部就班发展。

贤人指路 社会犹如一条船，每个人都要有掌舵的准备。

——易卜生

策略50

苋菜根里红
——塑造个性鲜明的企业形象

人们通过企业的产品特色、员工风貌、销售策略等各种标志和行动，而产生的对企业整体形象的印象，被称为企业形象。它是企业文化的重要外在表现形式，是企业与社会互动过程中，企业留给社会和顾客的总体印象，也是顾客对企业综合素质的直接判断。一个企业鲜明的个性形象，往往使其更容易受到市场和顾客的关注，就像苋菜独特的紫红色一样，提高人们的关注度，有利于市场和顾客对企业的识别。

【植物精灵】

苋菜是人们喜欢吃的一种蔬菜，这种蔬菜的根是红的，是制作天然色素的好原料。

相传有一个老奶奶，养了一只大红公鸡。这只大公鸡不爱打鸣，却喜欢每天趴在菜园中啄食老奶奶辛辛苦苦种的一点蔬菜，像是黄瓜、豆角、茄子，只要结果的，都被它啄食。老奶奶很生气，但又捉不住它，害得老奶奶自己没有菜吃，连给菩萨上供的蔬菜，也没有像样的了。菩萨看到了很生气，就托梦给老奶奶，说菜园里长出了一种新的菜，叫苋菜，叶子有红芯，摘来用热水一烫就可以吃。

第二天一早，老奶奶到菜园一看，果然没有了大红公鸡，只有一棵高大的苋菜长在那里，于是就采回了家。原来，菩萨为了惩罚大红公鸡糟践老奶奶的菜，就把它变成了一棵苋菜。从此以后，人们就都喜欢上了这种菜，有一种说法就叫"五月苋菜芽，香过毛鸡爪"。

企业形象是企业通过外部形象塑造和企业经营实力展现出来的，被消费者和社会公众认同的企业整体形象。企业的管理水平、经营水平、生产水平、资本实力、产品质量，员工的服从意识、精神风貌、工作作风、工作素质、服务态度，团队的凝聚力、创造力、执行力，企业的厂房、招牌、广告、商标、社歌、社报、网站、博客，企业宣传活动、公益活动、文艺演出、员工娱乐、社会赞助等都是企业形象的有机组成部分。企业形象的好坏，既取决于企业的管理者，也取决于企业的整体协作意识。

企业形象有内在形象和外在形象、实态形象和虚态形象、正面形象和负面形象、直接形象和间接形象、主导形象和辅助形象等的区别。同时企业形象有好坏之分，好的企业形象能够获得市场和顾客对企业的认可，能够促进企业产品的销售，提高企业的美誉度和顾客的忠诚度，有利于企业品牌的建立和巩固；坏的企业形象对企业产品的销售会起反作用，会引起顾客对企业的反感，进而拒绝消费企业的产品和服务，令企业的品牌无法得到社会和顾客的认可，最后可能被逐出市场。

【案例现场】

古时候，有一位修养深厚的禅师，为了培养弟子的悟性，就给了弟子一块长相很奇特的石头，让其拿到菜市场上去试试行情。他叮嘱弟子，不要卖掉石头，多问问几个人，看看他们有什么反应，回来把菜市场上能出的最高价告诉他就可以了。弟子到了菜市场，人们看过石头后，出的最高价就是几枚铜钱而已。

弟子回来后，禅师又安排弟子去黄金市场试试，还是只问价不卖。弟子从黄金市场回来后，高兴地对禅师说，这些人很识货，他们愿意出50两银子。

禅师听了，又对弟子说，那你再去珠宝行看看。弟子跑到了珠宝市场，立刻有人围上来，说愿意出200两银子，弟子简直不相信自己的耳朵，他连忙说："不卖，不卖。"又有人围上来说，愿意加一倍价钱。最后，人们把价格抬到了1000两银子，甚至有人说，只要卖，要多少价给多少。弟子实在无法相信，这些人简直就是疯了。

同样的一块石头，在不同的市场里，会显示出不同的价值，这一差异，对企业树立自己的企业形象，有很好的借鉴意义。企业塑造形象，就像把石头放在不同的市场一样，好的企业会无形中提高企业的产品价值和品牌地位，得到市场的认可和顾客的青睐，为企业带来丰厚的利润回报和长久的市场地位。

很多企业策略意识淡漠，企业文化建设就只能停留在口头上、纸面上，企业形象自然好不到哪里去。员工也是各有各的打算，没有凝聚力和向心力，唯以追逐短期利益为目的。这样的企业虽能偶尔获得一次高额的利润，但后劲不足，容易停滞不前，甚至逐渐衰微直至倒闭破产。所以，企业良好形象的树立，也是解决企业可持续发展的关键。

【试说新语】

经济复苏中，企业要快速抢占市场，并树立一个良好的企业形象。

首先，企业要练好自己的内功，努力提高自己产品和服务的质量，用满足顾客的需求来赢得顾客的好感。

其次，要加快企业的信息传播速度，通过广告、口耳相传等各种方式，把企业的整体形象推到社会和顾客面前，让社会和顾客全方位了解企业，加深对企业的印象。

最后，处理好各种公共关系。例如，以赞助公益活动、参加募捐等行动，树立企业良好的社会形象，展现企业良好的精神风貌，以便建立起个性鲜明、努力向上的企业形象。

贤人指路 一个人有了发明创造，他对社会做出了贡献，社会也就会给他尊敬和荣誉。

——罗·特雷塞尔

茶叶味苦却提神

——社会使命得人心

每个企业要想长足发展，必须具有强烈的使命感。只有勇于担负起推动社会发展的重任，为社会发展做出自己应有的贡献，企业才能赢得社会的尊重和支持。如同茶叶一样，味道虽苦，但却可以为人们清醒提神，进而赢得人们的喜爱。

【植物精灵】

几千年来，中国人饮茶的习惯可谓深入人心。用茶叶泡水喝，有提神清心、消食化痰、生津止渴、去腻减肥等功效。在中国人的日常生活中，喝茶和吃饭几乎同等重要，所以人们常把"茶余饭后"一词挂在嘴上。

上古时候，神农氏为了给人们治病，遍尝百草。相传他有一个透明的肚子，从外面就能看见各种食物在身体肠胃内发生作用的情况。当他把茶树的叶子放到嘴里嚼然后咽到肚子里的时候，发现茶叶把一些对人体有害的物质都给清理掉了，肠胃被清洗得干干净净。后来人们将这种树叶称为茶，于是，饮茶就成了人们很重要的一个饮食习惯，流传至今。

价值观是企业生存的基础和纽带。企业的价值观是企业面向社会、面向市场的共同价值准则，是社会和顾客对企业经营的意义、目的、宗旨进行综合价值判断的依据。企业的价值观和使命感，决定了企业的价值目标，也决定了社会和顾客的行为取向，决定了企业的发展未来。因此，只有树立正确的价值观和强烈的社会使命感，才能树立企业的公信力，获得长足发展。

一个企业的存在，绝不是为了单纯的盈利，除了获取利润外，企业还肩负着众多的社会责任，例如服务社会、缴纳税款、解决就业，用产品和服务满足消费者物质和心理需求，提高员工素质和社会责任感，举办慈善活动回馈社会等等。如果一个企业从管理阶层到员工都缺乏对这些责任起码的认识，没有承担起这些责任的使命感，只图眼前利益和利润，那么这个企业不可能走远，很快就会被社会所淘汰。综观现今所有成功的企业，无论大小，没有一家是以盈利为企业最高使命和追求的，他们大多把服务社会、贡献社会、改善提高人们生活质量、造福人类、推动人类社会不断发展等崇高的社会使命，作为自己企业的企业精神，作为建设自己企业文化的核心和重点。

【案例现场】

一个建筑工地上，老板看到三个工人正在不同的位置砌墙，就走到第一个工人身边，漫不经心地说："我们要砌一道墙。"接着走到第二个工人那里，不动声色地对第二个工人说："我们在建一座房子。"最后来到第三个工人面前，极目远眺，仿佛看到一座秀丽的城市正在脚下慢慢升起，于是充满自豪地对这位工人说："我们正在建设一个美丽的城市！"

工程结束的时候，老板再次来视察，他发现第一个工人把墙砌得歪歪斜斜、凹凸不平，好像轻轻一推就能推倒。老板责问他为什么不认真，他满不在乎地回答："不就是一堵墙嘛！"第二个工人把墙砌得中规中矩，结实牢固，老板很满意，就问他是怎么做到这一点的，工人回答："我们是在建一所房子，墙是房子的关键，墙要倒了，那就很危险了。"第三个工人砌的墙让他眼前一亮，只见那道墙平正笔直，每一个细节都处理得非常完美，仿佛精雕细刻一般。那些缺棱少角、扭曲变形的砖都被挑了出来，整齐地摆放在一边，没有一块用到墙上。

这一幕，让老板陷入了深思：给员工什么样的理念，员工就会给你什么样的结果。

"发展企业，回报社会"和"唯利是图"，是两种截然不同的企业价值观和使命感，体现了不同企业的价值追求。这两种价值观和使命感，对社会和顾客的感召力、影响力也有很大的不同。唯利是图，只以眼前盈利为目的的企业，会令社会和顾客缺乏信任感，对企业的经营行为疑虑重重，对企业的产品和服务缺乏热情，进而排斥企业的产品，最终迫使企业退出市场。怀揣理想，具有强大社会使命感的企业，对顾客的吸引力、感召力和影响力都是非常巨大的，这样的企业文化首先就会令顾客有种庄严神圣的感觉，让顾客对企业产生由衷的敬佩之情。这样，顾客往往会自然而然地支持企业的目标，主动消费企业的产品，为企业制造良好的社会环境和气氛，自觉推动企业的发展。

同时，企业神圣的社会使命感，会令企业员工对企业有认同感、归属感。自觉遵守企业制度，积极主动工作，开拓进取，努力完成工作目标，也就成为理所当然的事情了。所以，成功的企业，必然肩负着神圣的使命，并用自己神圣的使命牢牢地凝聚住所有员工的心，最终走向辉煌。

【试说新语】

企业要想在经济复苏中，赢得社会和顾客的支持，必须要树立起强烈的社会使命感，量力而行，为社会分忧解难。不仅要为顾客提供优质的产品和服务，还要为社会的文化、慈善、公益活动尽自己最大的努力，只有如此，才能使企业树立良好的社会形象，获得更大的发展空间。

> **贤人指路** 把金钱奉为神明，它就会像魔鬼一样降祸于你。
>
> ——菲尔丁

策略52

艾草悬门

——有传说就有生命

任何企业的文化建设和传播都是一项长期而艰巨的工作。借助企业故事和传说，传承和扩散企业文化，展现和宣扬企业的文化内涵、策略方向、价值观念和经营理念等，是一个非常有效的策略，对于提高企业文化的传播速度，培育企业自己的品牌，有十分重要的作用。

【植物精灵】

艾草是一种用途广泛的植物，不仅能食用、针灸、洗浴，还能用来辟邪。每年端午节之际，人们都要采来新鲜的艾草，悬挂在门上，用来驱魔辟邪。

古时候，邪魔鬼魅经常在端午节出来侵扰百姓，残害生灵，令百姓的日子不得安宁。特别是晚上人们睡熟以后，邪魔鬼魅就会大摇大摆地出来，吓唬一些睡不着觉的小孩。人们难以忍受邪魔的侵扰，就去天庭告了一状，希望玉帝能为民除害。于是，上天派了一个叫艾的神仙下凡来驱除这些邪魔鬼魅，艾到了人间，很快就把这些邪魔鬼魅赶走了。临回天庭时，艾拔下自己的一绺头发撒落在大地上，地里就长出了很多艾草，散发着一种特有的香味。艾告诉人们，这种草叫艾草，每年端午节，邪魔鬼魅出来活动的时候，挂在屋门上，邪魔鬼魅闻到艾草的香味就会吓跑。从此，家家户户都有端午节门口悬艾的习俗了。

企业形象一般有三个层次：外在形象、制度形象和内在文化形象。其中，企业故事和传说有缔造、诠释、传播和教育的功能，对企业文化的形成功不可没。

企业故事和传说，是指发生在企业身上的那些具有连贯性、富有极强的吸引力的事情。它具有典型性和亲和力，既可以发生在企业的老板经理等管理阶层身上，也可以发生在企业的普通员工身上，还可以是企业的整体事件。它一般要具备人物形象、故事情节、人情世故、社会问题等诸多要素和特质，并以此来渲染企业的文化，让社会和顾客产生对企业良好的印象和对企业行为的认可。

【案例现场】

追溯起牛仔裤的起源和历史，就不能不提美国牛仔之父利瓦伊·斯特劳斯。1820年出生于德国的利瓦伊是个道道地地的犹太人，由于家境一般，他没有读过大学。1870年，他抱着发财的梦想，加入了美国西部大淘金的热潮，但没多久，他就退出淘金行列，开了一家日用百货小店，并累积了一些财富。

某次，利瓦伊深入淘金厂矿推销帆布、线团等帐篷用品，一个淘金者对他说，"你销售的帆布是做帐篷用的，如果你能用帆布做成裤子，肯定会受到很大的欢迎"。利瓦伊忙问为什么，那个淘金者说，"我们现在穿的裤子都是棉布的，不耐磨，很容易破，帆布结实耐磨，穿来工作会更方便"。淘金者的话立即引起了利瓦伊的注意，他马上买来帆布，找工人缝制了一批帆布裤子，结果销量特别好，淘金工人纷纷掏钱预订。就这样，世界上第一条牛仔裤诞生了，利瓦伊因此发了一笔大财。

随着新产品的广受欢迎，利瓦伊成立了Levi's品牌，专门生产这种帆布料的牛仔裤。公司根据市场需要和淘金工人的工作特点，对牛仔裤的样式和质量进行了改进和完善，更加突出矿工的劳动需求。尤其Levi's 501款式的问世，使矿工穿上十分合体，特别是"撞钉"的专利发明，更加突出了牛仔裤的特色。

原来，利瓦伊他们了解到矿工常常要把矿石样品放在裤袋里，他们就替牛仔裤加缝了两个臀袋，而且这种口袋用线车缝很容易开裂，他们就改变原来的缝制方法，改为用钉子钉牢，袋口则用他们发明的一种撞钉，作为纽扣的替代品。

后来，利瓦伊发现，有一种哔叽布比帆布更柔软，耐磨力也不比帆布差，于是做成了裤子。这种牛仔裤一出现，很快就在美国青年人中流行了起来，最后成为风靡世界的时装，创造了一个服装界的神话。

每个企业都有独特的从事生产经营和管理活动的方法和原则。用这些方法和原则来指导一个企业所有的经营行为的过程中，就会发生一些生动的经营故事。企业如何利用这些故事和传说，使之成为企业文化最生动活泼、最有活力和创造力的因子，是加快企业文化的塑造和传播，增进企业形象美化的重要任务。

企业故事和传说，种类很多，有创业故事、经营故事、变革故事、管理故事、寓言故事和英雄故事等。不管是哪种故事，都是企业的文化的重要资源，都要很好地加以整合加工、演绎和发挥。

【试说新语】

企业文化建设中，故事和传说的萃取和传播，要紧密结合企业的策略和价值观。只有企业经营的环境和经营的方式，与企业的各种活动形成良好的互动，才能使企业的故事和传说更加具有可传播性和可接受性。同时，还要增加企业故事和传说的吸引力和感染力，使之真正发挥出对企业文化塑造所起的应有的作用：美化企业形象，增加企业文化的深度，为企业的长久发展提供源源不竭的内在动力。

贤人指路 果实的事业是尊贵的，花朵的事业是甜美的，但还是让我在默默献身的阴影里做叶的事业吧！

——泰戈尔

策略53

千年铁树开了花

——百年文化，百年基业

管理大师卡内基曾经说过："带走我的员工，把我的工厂留下，不久后工厂就会长满杂草；拿走我的工厂，把我的员工留下，不久后我们还会有个更好的工厂。"卡内基为何如此自信？是因为只要员工在，企业文化就在。有了企业文化之根，企业的种子就会发芽、壮大，重新长成郁郁葱葱的参天大树，像千年铁树开了花一样，最终绽放出华彩篇章来。

【植物精灵】

铁树，又名苏铁。因为树干坚硬而得名。它生长极其缓慢，树龄可达200年以上。而且它雌雄不同株，花期不一致，所以很难见到铁树开花。故而民间有"千年铁树开了花"一说，以示其罕见。

南宋岳飞是一代忠臣，铁骨铮铮，因莫须有的罪名被奸臣陷害，含冤而死。临死他对身边的一棵铁树说："我死后，灵魂就来和你做伴，等我的冤情得雪的时候，你就开花给我看，我就可以含笑九泉了。"从此以后，铁树再也没有开花，直到后人为岳飞平反昭雪，恢复了他的名誉，铁树才开了花。

世界上所有成功的企业，都有其深厚的企业文化。麦当劳、微软、SONY、福特、可口可乐，一个个耳熟能详的品牌、企业，哪一个不是企业文化结出的硕果？麦当劳之所以能够得到世界各地众多消费者的青睐和喜爱，并非因为它的汉堡、炸鸡翅、薯条多么好吃，而是因为它的文化所蕴含的魅力，能给消费者带来快乐。走遍世界各地，麦当劳快餐店的装饰、服务都是一样的风格、一样的服务。无论你在哪个国家、哪座城市、哪个繁华的市区，只要走进麦当劳，都会被它强烈的亲和力和感染力所吸引和征服，从而感到心情轻松愉悦。让你对它的文化和产品，产生高度的共鸣和认可，让你不得不信任它、接受它、爱戴它，这就是企业文化的魅力和强大的力量。

【案例现场】

在美国纽约州，曾有一家三流旅店，由于经营没有什么特色，生意一直很不景气，萧条冷落，举步维艰。旅店老板由于受知识经验所限，一直无计可施，只能过一天算一天，眼看就要关门大吉了。有一天，一个老朋友来看望他，看到旅店的经营情况和老板无可奈何的表情，很是同情，就决定帮他一把。朋友看到旅店后有一块空旷的平地闲置无用，就给老板出了个主意，老板听后喜形于色，立即行动，按照朋友的建议去做。第二天，旅店贴出一张醒目的广告："亲爱的顾客，您好！本旅店后面有一块空地，现在专门开辟出来，用于给住店客人种植纪念树。如果您对此感兴趣，认为是一件有意义的事情，不妨前来亲手种下十棵树，本店愿为您拍照留念，并在树上挂上木牌，刻上你的尊姓大名和植树日期。当您再度光临本店时，小树定已枝繁叶茂，用一片片碧绿的叶子欢迎您。本店免费提供场地，只收取购买苗木成本费200美元。"

广告打出后，立即引起了人们的兴趣，吸引众多旅客前来植树。从此旅店客流应接不暇，生意就此红火了起来。没过多久，店后平地就树木葱郁，一片碧绿，旅客闲暇，漫步林中，感到十分惬意，而那些亲手栽植树木的人们，更是念念不忘，时常专程来看望自己辛勤栽下的小树，就如同挂念自己的孩子一样。一批旅客栽下一片小树，一片小树又吸引来一批旅客，就这样，旅店靠这篇郁郁葱葱的树林，生意越做越好。

万丈高楼平地起，参天大树立于根。树无根不活，企业文化无根不立。企业文化是企业的灵魂，是推动企业发展源源不竭的动力。那么，是什么构成了企业文化的根基呢？要回答这个问题，首先要明了什么是企业文化。一般认为，企业文化是企业创造的具有自身特点的物质文化和精神文化，是企业生产经营过程中所形成的独特的经营策略、服务宗旨、社会价值观和道德行为准则的综合效应。其内容常常包括企业理念、企业制度、企业行为和企业产品等等，这些内容和谐统一，互相渗透、互为因果。

企业建设企业文化，就是为了拥有企业发展所需的一切资源和力量，包括正确的策略、优秀的人才、完善的制度和严明的纪律等。在这些先决条件下，企业调动所有的力量，并把这一切资源、力量充分整合，使之发挥出巨大的作用，使企业的经营活动走上合理高效的轨道，把企业的策略最终变成现实。所以一个企业存在的灵魂，就是它的文化和精神。

【试说新语】

企业文化是企业的根基，简单说就是经营的文化。企业是为了适应企业目标的需要而建立的，是为了实现企业目标而存在的。企业目标只有通过企业所有人员的共同努力才能够完成，因此，共同的使命是企业的灵魂。只有所有成员整体服从使命，企业才有生命力，才能发挥巨大的创造力和战斗力。优秀的企业，通过赋予员工共同的使命，使全体员工共同接受企业建立的文化；通过统一的意志使企业所有的力量聚合在一起，形成巨大的合力，以此来实现企业的经营目标，推动企业不断发展。

贤人指路 你若要喜爱你自己的价值，你就得给世界创造价值。

——歌德

图书在版编目（CIP）数据

植物逻辑：新常态下企业成长之道 / 王汝中著 . — 杭
州 ：浙江大学出版社，2016.6
ISBN 978-7-308-15622-6

Ⅰ．①植⋯ Ⅱ．①王⋯ Ⅲ．①企业成长－通俗读物
Ⅳ．①F271-49

中国版本图书馆CIP数据核字（2016）第036446号

本书经由厦门凌零图书策划有限公司代理，经知青频道出版有限公
司正式授权浙江大学出版社出版中文简体字版本。非经书面同意，不得
以任何形式任意重制、转载。

浙江省版权局著作权合同登记图字：11-2015-126号

植物逻辑：新常态下企业成长之道

王汝中　著

责任编辑　黄兆宁
责任校对　杨利军　仲亚萍
封面设计　周　灵
出版发行　浙江大学出版社
　　　　　（杭州市天目山路148号　　邮政编码　310007）
　　　　　（网址：http://www.zjupress.com）
排　　版　杭州林智广告有限公司
印　　刷　浙江印刷集团有限公司
开　　本　710mm×1000mm　1/16
印　　张　12.75
字　　数　182千
版 印 次　2016年6月第1版　2016年6月第1次印刷
书　　号　ISBN 978-7-308-15622-6
定　　价　36.00元